... mon Fils

MW01278135

aussi tu ...
vérité et que tu sau...
être un découvreur de
mensonges.

Maman

Lettre ouverte
aux gardiens du mensonge

Thierry Pfister

Lettre ouverte
aux gardiens
du mensonge

Albin Michel

© Éditions Albin Michel S.A., 1998
22, rue Huyghens, 75014 Paris

ISBN 2-226-10650-2
ISSN 0755-1789

Pour Blanchette.

Il était une fois un hameau perdu dans la montagne corse. Seuls, agrippés à la pente, demeuraient une poignée d'habitants, les autres étaient descendus dans la vallée. S'étant toutefois maintenus abusivement sur les listes, ils contrôlaient la commune. Un jour, à Paris, un ministre de l'Intérieur moraliste découvrit simultanément un peuple corse et cette fraude électorale. Il obtint du Parlement une remise à plat. Dans le hameau, la doyenne fut nommée déléguée du préfet et chargée de veiller à la confection de nouvelles listes. Elle vit le préposé des postes grimper jusqu'au village et jeter consciencieusement des lettres dans une remise abandonnée. Elles étaient adressées au maire, à ses fils, filles, gendres et brus. La doyenne protesta. En vain. Elle donna sa démission. Lorsque les listes nettoyées furent rendues publiques, les habitants du hameau les consultèrent, haussèrent les épaules et reprirent le travail en bougonnant. Au scrutin suivant, les villageois de la vallée avaient toujours leurs mandats.

Le mirage américain

Le nettoyage à sec n'est pas ce que nous avions cru. Il ne donne de la propreté que l'illusion, à la manière des lois sur le financement des partis politiques. Les amateurs de plaisirs furtifs savent désormais, grâce à l'assistante intérimaire de la Maison Blanche, qu'en refermant précipitamment leur braguette ils ne font pas disparaître le délit. La trace d'ADN n'est effacée que par des détergents. Toujours ému dès que jeunesse et ébats sexuels sont au programme, le barbon Jack Lang a entrepris de remobiliser les brigades internationales de pétitionnaires pour voler au secours de Bill Clinton. Au nom de la démocratie, de la liberté et de nombreuses autres valeurs qu'il convient en effet de promouvoir, et afin d'opposer à un puritanisme américain réactionnaire la progressiste tolérance française.

Relayée par la plupart de ceux qui pensent, commentent et ratiocinent dans l'hexagone, la pulsion a pris valeur d'analyse. Dans une suspecte unanimité, nos tartuffes se sont mués en contempteurs du moralisme américain. Vigilants gardiens du mensonge, solidaires pour jeter un voile sur leurs communes turpitudes, ils entendent protéger les rituelles coucheries qui constituent le socle de tant de carrières et le sel des dîners parisiens. Car, à l'aune d'outre-Atlantique, les mœurs de notre capitale prennent des dimensions babyloniennes alors qu'elles demeurent bourgeoisement conformistes.

Or, à quelques notables différences de procédure près, rien n'interdirait d'enclencher, en France, une procédure comparable à celle qui sape le pouvoir de Bill Clinton. L'enquête démarre en effet d'une plainte pour harcèlement sexuel, délit qui existe dans notre arsenal juridique, et le débat ne porte pas sur le penchant du Président pour les fellations mais sur le respect des règles de droit. C'est là que le bât blesse pour tous nos gens de robe, de plume ou d'estrade ligués dans la défense de leurs privilèges. Bien que d'empressés constitutionnalistes tentent d'accréditer l'idée monarchiste d'un chef d'État français « sacré », hors de toute atteinte pénale, ce point est loin d'être établi. Quant au faux témoignage, sa sanction, même dans notre complaisante République, devrait aller de soi. L'ancien ministre socialiste Jacques Mellick en sait quelque chose, lui le grotesque alibi de Bernard Tapie dans l'affaire du match truqué entre Valenciennes et l'Olympique de Marseille.

Pourtant, l'unanimité gauloise — y compris
dans son sens paillard — pour défendre Clinton
laisse soupçonner que si, chez nous, une femme,
forte de son bon droit, s'avisait de dénoncer des
abus sexuels mineurs dont elle aurait été victime
de la part d'un responsable politique de premier
plan, et si par extraordinaire sa plainte était reçue,
la procédure aurait bien du mal à déboucher. Se
trouverait-il le procureur pour activer les poursuites, la cour pour sanctionner? Depuis le
triomphe de l'absolutisme royal, la magistrature
a choisi son camp pour préserver le reste d'autorité qui lui est concédé. Elle n'a cessé de
confondre les positions assises et couchées. Les
contorsions autour des responsabilités de Jacques
Chirac dans les faux emplois et vraies caisses
noires de la mairie de Paris prouvent que le jour
n'est pas encore venu où nous oserons dire : «Le
roi est nu.»
   Le mensonge de Jack Lang et autres se situe là.
Adeptes, pour la plupart, du mondialisme et de
la fin de l'exception française, ils redécouvrent
avec soulagement le charme de nos archaïsmes,
de lois et d'usages conçus pour protéger les puissants et leur garantir, sinon l'impunité, du moins
un maximum de confort. Ce n'est pas la dérive
du système américain qui les préoccupe mais le
risque de contamination de l'hexagone. Et si
demain ils étaient appelés à rendre des comptes?
   Déjà les truqueurs de la vérité se récrient.
Comment peut-on caricaturer à ce point alors

que les hommes politiques et les chefs d'entreprise sont victimes de l'acharnement de «petits juges» en quête d'une revanche sociale? «Ce sont les puissants qui sont, aujourd'hui, en justice les plus fragiles», a osé écrire l'ancien garde des Sceaux Robert Badinter dans *Le Nouvel Observateur*, son bulletin paroissial[1]. Roland Dumas doit s'en étrangler de rire, tout comme les procureurs qui ne voulaient pas poursuivre Maurice Papon tant que le pouvoir politique s'y opposait ou qui ont proposé un non-lieu pour le dossier du sang contaminé. Il est des mots qui tuent. Faisons silence sur le «suicide» de Me Badinter. Le scandale du Crédit lyonnais laisse cent coudées derrière lui celui de Panama : les principaux responsables de la banque ne sont que très progressivement inquiétés. Depuis dix ans, les seuls qui paient sont les contribuables. La situation du tuteur gouvernemental de cette faillite a-t-elle été affectée? Pas le moins du monde. Droite et gauche rassemblées l'ont même proposé comme gouverneur de la Banque centrale européenne. La voilà bien la détestable exception française : esprit de caste et impunité. Nos partenaires ne s'y sont pas trompés qui, à l'unanimité, ont récusé notre banquier.

Après quels délais et combien de mensonges officiels un Tapie a-t-il été emprisonné, un Suard écarté? Combien de dossiers sont clos avant d'avoir été menés à terme, combien se couvrent sagement de poussière sur le bureau d'un magis-

trat instructeur promu pour sa propension aux
siestes réparatrices? Parviendront-elles à terme
les investigations sur Tiberi et ses fraudes électorales ou s'enliseront-elles comme pour Pelat
et le financement du clan Mitterrand? Dans
les années 60, les services spéciaux marocains
font exécuter un opposant, Ben Barka, à Saint-
Germain-des-Prés. Le crime prend des propor-
tions d'affaire d'État; de Gaulle et son gouvernement sont sommés de s'expliquer et la presse
sort des éditions spéciales. Vingt ans plus tard,
quand les services spéciaux algériens font exécuter un opposant, Mecili, au Quartier latin, le
crime est étouffé, les tueurs réexpédiés dans leur
pays et la presse se limite à quelques entrefilets.
Nous vivons une régression démocratique.

Américains, Britanniques, Allemands, Espagnols..., tous savent qu'un retour de bâton est
possible, que l'exercice d'une responsabilité
implique des risques. Ils se voient demander des
comptes, même sur leur vie privée si celle-ci prête
à controverses. C'est le prix que paie Clinton car
c'est le prix à régler en démocratie. Imagine-t-on,
en France, condamner un ancien ministre de
l'Intérieur parce qu'il aurait usé de polices paral-
lèles ou d'équipes de tueurs? Les Espagnols ont
eu ce courage. Trente ans après des faits analogues, nous continuons à nier. Les plaintes
contre des bavures de la barbouzerie anti-OAS
n'aboutissent toujours pas. Qu'importe, ne
sommes-nous pas «le pays des droits de

l'homme»? Dans quelle autre démocratie européenne les principaux dignitaires de la police
auraient-ils pu être pris en flagrant délit de mensonge devant la justice, comme ce fut le cas après
l'assassinat de Jean de Broglie en 1976, sans que
leur carrière en souffre? En Grèce peut-être.
Triste équivalence. Et si nous voisinons aussi en
compagnie des Grecs, en queue des démocraties
européennes, pour la représentation des femmes
dans les assemblées élues, ce n'est pas un effet du
hasard. Cette insuffisance particulière n'est que
le fruit d'une faiblesse globale de notre démocratie. Les forceps de la parité ne régleront pas la difficulté.

La France a le culte du mensonge. La France
officielle s'entend, les Français, on ne leur
demande pas leur avis. Lors des scrutins, seuls les
candidats sont en situation de pouvoir mentir, les
électeurs n'ont pas ce choix. Eux ne peuvent
qu'être trompés. Le mensonge est donc bien une
perversion de la démocratie. Il conforte les inéga-
lités puisque seuls peuvent en user avec efficacité
ceux qui ont accès à la parole. Les bernés sont
toujours les autres.

Le mensonge a, chez nous, bonne presse. Certains y voient une caractéristique latine, d'autres
un signe de civilisation supérieure; quelques
consciences, se situant par-delà le bien et le mal,
l'ont célébré, le jugeant indispensable à l'humanité. Prétendre en limiter l'usage vous donne un
côté ridicule. Jouer au don Quichotte sur ce

thème équivaut à braver un usage social, contesté parfois pour la forme mais jamais sérieusement remis en question. Nous en avons même fait une règle de droit. Notre justice admet qu'un accusé mente pour se défendre — Maurice Papon en a usé et abusé durant son procès devant la cour d'assises de la Gironde — là où le cinquième amendement américain se borne à permettre à une personne mise en cause de refuser de témoigner contre elle-même. Si elle s'y risque, sa poursuite pour parjure devient possible.

Deux conceptions morales s'opposent qui recouvrent deux pratiques démocratiques. Dans l'une la parole engage, chez nous elle peut demeurer un jeu rhétorique comme le prouvent les fulgurantes évolutions de l'extrême droite à la pointe du libéralisme, ou de l'extrême gauche au firmament de la pensée sociale-démocrate. Bill Clinton se retrouve vulnérable, en posture d'accusé face à un procureur — certes partisan, agent d'un complot de l'aile droite du Parti républicain, et usant de méthodes inquisitoriales — simplement parce qu'il a menti. Voici pourquoi sa situation est incompréhensible pour l'opinion française. Sanctionner le mensonge, quelle naïveté!

Confrontée aux éventuels dérèglements de la vie privée des dirigeants, chaque société se détermine en fonction de son histoire et de ses valeurs, trace sa propre limite entre le tolérable et l'inacceptable. Les spéculations sur le puritanisme américain ne sont pas inintéressantes mais hors sujet. Car avant que chaque citoyen puisse juger, encore faut-il qu'il sache. Que les Français aient fait montre de mansuétude pour la famille morganatique soudain présentée aux obsèques de François Mitterrand est certes réconfortant et traduit une morale sociale ouverte. Il n'en demeure pas moins inacceptable que cette information leur ait été livrée si tard. Or, c'est ce mépris hautain, cette dissimulation institutionnelle qui sont en réalité défendus par tous ceux qui affectent de voler au secours de Bill Clinton.

Intrusion inadmissible dans la vie privée, gourmandent nos gloseurs patentés. Comme elle a bon dos, la vie privée! N'importe-t-il pas, en démocratie, de savoir si celui qui assume ou qui brigue des responsabilités publiques majeures est un érotomane? N'est-ce pas du même ordre qu'un éventuel cancer? Il est vrai qu'en France un chef d'État peut, à la fois, prendre l'initiative de publier régulièrement son bulletin de santé, au nom de la démocratie, et camoufler la réalité de son état, au nom du pouvoir. Et lorsque après la mort du monarque, la supercherie est révélée par son médecin, c'est ce dernier qui est lourdement sanctionné et son livre saisi. Au nom du respect de la vie privée.

Tout leader d'opinion, qu'il agisse en politique ou dans les affaires, qu'il soit journaliste ou vedette de spectacle, est tenu de se plier aux interrogations de citoyens en droit de vérifier la conformité entre ses dires et ses actes, de se prémunir contre d'éventuels excès de pouvoir. Car quiconque dispose d'une capacité d'influence l'utilise au maximum, au point parfois d'en abuser. Il n'y a guère qu'en France, et dans les régimes non démocratiques, que ce contrôle social est perçu comme tyrannique.

Il ne s'agit pas de réclamer l'affichage des draps chaque matin aux fenêtres mais de mettre un terme aux manipulations. Savoir si un chef d'État peut entretenir une maîtresse dans le cadre de sa fonction ou déterminer son rapport à l'alcool constituent des questions ni vaines ni futiles. Or, dans un débat public où les États-Unis nous sont sans cesse renvoyés comme modèle ou comme référence, cette dimension de la démocratie est toujours escamotée. Les bateleurs qui se succèdent depuis vingt ans préfèrent broder sur d'autres thèmes, du « défi » à la « mondialisation ». Qu'ils se nomment Jean-Jacques Servan-Schreiber hier ou Alain Minc aujourd'hui, leur numéro demeure identique : les mêmes pirouettes médiatiques sont mises au service d'une stratégie centriste condamnée à échouer du fait d'une méconnaissance des rouages politiques nationaux. Seul émerge, dans les ruines de leurs chimères, le « mirage américain », ces États-Unis illusoires, recomposés à loisir en fonction de nos empoignades parisiennes.

La citoyenneté n'appartient pas à notre patrimoine. Sujets nous fûmes, sujets nous demeurons. Viscéralement conservateurs et plus volontiers émeutiers que patients bâtisseurs d'une société de participation, nous persistons à prendre des vessies pour des lanternes, à confondre démocratie et jeux du cirque. À l'image des chaînes de télévision qui récupèrent des stocks de feuilletons américains pour assurer leur fonds de programmes, nous nous laissons refiler, au nom d'une modernité faisandée, des concepts importés à la hâte comme le « droit à la différence ». Puis nous nous étonnons. Comment se fait-il que les jeunes de banlieue déférés devant une cour disent « Votre Honneur » au président du tribunal ? Ils n'ont pas d'autre référence que l'image anglo-saxonne sur leur écran. Comment se fait-il que nos quartiers se définissent de plus en plus sur des critères ethniques ? Des années durant, encouragés par la présidence de la République, nous avons célébré Harlem Désir et ses « potes » et légitimé cette forme d'apartheid. Aujourd'hui, ce sont les homosexuels qui, à l'image de leurs homologues de San Francisco ou de Sydney, cèdent au vertige du clonage et du ghetto. Vont-ils substituer à une marginalité subie une ségrégation choisie ? Comme si vivre au milieu de leurs concitoyens hétérosexuels constituait une épreuve insupportable alors qu'ils n'ont cessé d'exiger une attitude plus compréhensive et qu'ils y sont parvenus. À l'heure où elles ont enfin imposé une quasi-égalité dans la vie sociale et professionnelle comme dans la gestion familiale, les femmes vont-elles faire inscrire leur différence dans la Constitution ? Encore une parodie injustifiée de la société américaine, imaginée par les socialistes, qui rompt avec le modèle unique du citoyen sur lequel a tenté de se construire la République. Verra-t-on, demain, les hommes se mobiliser pour imposer une parité dans les professions où ils sont minoritaires comme l'enseignement, la santé et, bientôt, la justice ?

Depuis une vingtaine d'années, la citoyenneté, comprise comme une valeur de rassemblement, est ainsi gommée au profit de liens tribaux par le simple effet conjugué de la paresse et du conformisme. Les élites qui favorisent ou laissent se développer cette évolution n'agissent pas seulement par inconscience. Flatter tour à tour chaque groupe, chaque minorité, relève d'une forme de démagogie qui n'exclut pas une véritable astuce. Quand Mme Royal, par exemple, avec son mélange de roublardise politicienne et de naïve fatuité, imagine graver dans le marbre d'une circulaire les règles éphémères de la féminisation des titres professionnels dont seuls les usages décideront, elle tente de canaliser l'énergie sociale vers des luttes symboliques sans conséquences en termes de pouvoir. Une manière comme une autre de préserver les rouages qui interdisent encore à la France d'accéder à une authentique vie démocratique. Diviser conforte les autorités que menacerait l'épanouissement d'une citoyenneté active. Tandis que chacun, dans son coin, s'épuise à bâtir son château de sable, un ordre institutionnel rétrograde se maintient dans l'indifférence que produit la méconnaissance. Le mensonge trouve son sens, il est le bouclier des pouvoirs en place.

Les mânes de Lady Di

La reine des cœurs est morte, les écrans ruissellent, le bon peuple s'indigne et des coupables lui sont aussitôt livrés. L'accident du 31 août 1997 qui a provoqué le décès de la princesse de Galles a suscité un vertueux sursaut de protestation contre les magazines spécialisés dans les trous de serrure... et fait naître, par ricochet, un inépuisable filon pour ces titres. Le mensonge s'est répandu sans retenue. La vindicte populaire contre les chasseurs d'images a été encouragée et légitimée par toutes les belles consciences que les médias ont pu mobiliser en cette période estivale, bien que, paradoxalement, les présumés assassins appartiennent au monde de la presse. Ils ont été néanmoins sacrifiés. Ce ne sont que des marginaux, des francs-tireurs, les soutiers d'un système qui n'a aucune considération pour eux. Ils sont tolérés, utilisés le cas échéant — comme lorsque François Mitterrand voulut enfin, avant de mourir, sortir sa fille Mazarine de l'anonymat auquel il l'avait condamnée —, mais toujours désavoués en cas de coup dur. Autant dire, pour les magistrats, un gibier de choix.

Une justice fonctionnant à l'estomac et courant derrière l'opinion s'empressa donc, avant toute enquête approfondie, de marquer au fer rouge les individus qui lui étaient désignés, privant certains d'entre eux du droit d'exercer leur profession. C'est sans doute ce qui s'appelle mettre un terme à un trouble public. Qu'importe l'équité si règne l'ordre. Cette mise en examen précipitée, assortie d'un contrôle judiciaire particulièrement contraignant — le parquet réclamant même la détention préventive! —, ne suffisait pas. D'ordinaire si sourcilleux lorsque des puissants du jour sont mis en cause, les magistrats ont fermé les yeux, au nom d'une tolérance et d'un libéralisme inusités, face à la dénonciation publique de ces photographes. Ces derniers attaquent Madeleine Chapsal en justice et réclament l'occultation des passages les mettant en cause dans le livre qu'elle a signé et qui s'intitule, avec un charmant sens de la litote, *Ils l'ont tuée*[1]. Le juge refuse d'accéder à cette demande au prétexte que les noms ne sont pas cités et que les paparazzi incriminés, dont toute la presse a diffusé l'identité, ne seraient pas reconnaissables. Aimable plaisanterie!

Si la jurisprudence n'était établie qu'à partir d'arrêts de cette eau, il n'y aurait rien à redire. Au contraire, pareille mansuétude apparaîtrait de bon augure. Hélas, l'interprétation de cette décision est autre. Elle signifie que rien n'a changé depuis La Fontaine : selon que vous serez puissant ou misérable, les jugements de cour vous rendront blanc ou noir. Tout peut être dit lorsque le consensus social estime une culpabilité avérée, même en l'absence de condamnation formelle. En revanche, les gloires établies doivent être choyées et honorées et bénéficient, à ce titre, d'une protection tatillonne, au prix de contorsions juridiques. Comme dit Mᵉ Badinter : « Les puissants sont les plus fragiles.» Seul notre attachement aux valeurs de la démocratie semble fragile.

Saisissant l'aubaine de ce discrédit unanime, et se présentant à leur tour en malheureuses victimes d'une traque impitoyable, quelques stars de l'audiovisuel ou du spectacle, habituées à parader sous les projecteurs, ont réclamé un durcissement de la législation protégeant l'intimité des personnes. Or, en France, elle est déjà l'une des plus contraignantes des nations démocratiques. En effet, l'article 9 du Code civil impose le strict respect de la vie privée. Il interdit même d'évoquer l'appartenance confessionnelle, règle heureusement transgressée sans que nul s'en offusque puisqu'une application littérale du texte amputerait l'exercice le plus banal du journalisme, voire les travaux de sociologie. Plus question de disserter sur le protestantisme de chefs de gouvernement comme Maurice Couve de Murville,

Michel Rocard ou Lionel Jospin, sur la judaïcité d'avocats passés par le ministère de la Justice comme Robert Badinter et Georges Kiejman, ou de se pencher sur les conséquences sociales, à Clermont-Ferrand, du catholicisme de la famille Michelin. Cette tolérance prend vite fin dès qu'une affiliation philosophique se substitue à l'appartenance religieuse. La participation à une loge maçonnique est également couverte par le secret de la vie privée. Et pourtant, comment prétendre explorer complètement les deux principaux foyers de corruption apparus ces dernières années — les financements politiques occultes et les liquidations d'entreprises par les tribunaux de commerce — sans traiter des amitiés maçonniques ? Plusieurs filières de pots-de-vin sur les marchés publics, impliquant aussi bien des élus de gauche que de droite, ont été bâties par des « frères » et n'ont fonctionné que grâce à ces réseaux et aux confidences échangées sous les colonnes des temples ou après les tenues. Le puissant lobby mis en place par les mandataires de justice et les magistrats consulaires n'aurait pas réussi, depuis vingt ans, à museler la chancellerie et à faire avorter les rares velléités de réforme sans son étroite imbrication avec les mondes maçonniques. Ce phénomène social est baptisé en France vie privée. Comprenne qui pourra.

Les enquêtes des magazines qui prétendent, cycliquement, révéler les secrets de ces sociétés discrètes se bornent à recopier, d'année en année, le même fond d'anecdotes pittoresques et de références éculées, se limitant à mettre à jour la liste publique des dignitaires maçons agrémentée des noms de quelques personnalités qui acceptent de faire état de leur appartenance à telle ou telle obédience. Et pourtant, le Grand Orient de France lui-même est au seuil du dépôt de bilan, victime des agissements de « frères » indélicats dont les abus de gestion pourraient, par certains aspects, relever de malversations.

En dépit de ces considérables restrictions juridiques, une presse du cœur — ou, pour user du jargon, *people* — a pu se développer de mèche avec les personnages dont elle se repaît. Seules quelques frictions épisodiques venaient troubler la complicité entre les paparazzi et leurs modèles français. Ce confortable statu quo a été timidement ébranlé, il y a dix ans, par un nouveau titre qui a substitué à l'immuable règle journalistique hexagonale de l'entente entre la personnalité dont on traite et le média celle de la complicité entre le journal et ses lecteurs. Les photographes pouvaient, enfin, ne plus réserver leurs clichés les plus indiscrets au marché international mais en recycler quelques-uns en France. Une couverture de magazine ne correspondait plus nécessairement au « plan média » de la personne photographiée, mais relevait de l'initiative des éditeurs de presse.

Parce qu'il est adossé à un groupe allemand, le

magazine *Voici* a tenté d'acclimater une variante très adoucie de formules qui existent dans le reste de l'Europe sans plonger, semble-t-il, ces pays dans le chaos. Le calcul industriel était juste et, en ces temps de néo-libéralisme triomphant, chacun devrait se réjouir de ce nouveau succès de l'esprit d'entreprise. La réponse du public a été sans ambiguïté : quatre millions de personnes — dont 80 % de femmes — lisent chaque semaine les sept cent mille exemplaires de *Voici* et le tirage a même poussé des pointes au million de copies. L'équipe, éblouie par sa réussite, a opéré une transgression dont elle n'avait pas mesuré l'ampleur. Elle brisait la connivence qui sert de ciment aux élites françaises et de socle aux médias. La réplique ne tarda guère : des procès à répétition sur le fondement du fameux article 9 du Code civil. Jusqu'à trois par semaine en 1997 !

Un tel rythme n'a plus pour but la sanction légitime des erreurs ou la punition des dérapages, mais il traduit une volonté d'interdire une forme de presse rapidement taxée de « scandaleuse » par ceux-là mêmes qui peuvent redouter son indiscrétion, tout comme *Le Monde*, inversant l'ordre des facteurs, se croit obligé de baptiser « scandaleuse » l'édition de documents dès lors qu'ils ne correspondent pas à ses options et que des poursuites sont engagées contre tel ou tel titre.

Où est le scandale ? Arno Klarsfeld préfère voir dans l'éclosion de ce journalisme de paillettes et de pacotille « le signe d'une société heureuse », réservant sa capacité d'indignation à des sujets plus substantiels. Il a raison. S'il faut hausser le ton, ne conviendrait-il pas, plutôt, de fustiger ceux des pourfendeurs de ce type de presse qui sont toujours prompts à protéger leurs intérêts personnels sous prétexte de dénoncer on ne sait trop quelle dégénérescence collective ? Que penser de ces femmes qui, comme Estelle Hallyday et Véronique Genest, négocient un reportage sur la naissance de leur enfant l'une avec *Elle*, l'autre avec *Télé 7 jours*, mais poursuivent, au nom du respect de leur vie privée, les autres magazines qui publient le même type de photos ? Si un grand nom du journal télévisé attaque systématiquement les titres qui mettent en scène sa vie personnelle, pourquoi choisit-il les tribunes VIP du tournoi de tennis de Monte-Carlo ou une plage à la mode pour s'afficher avec le garçonnet d'une consœur ? Il ne peut ignorer qu'il sera photographié et connaît l'exploitation qui sera faite de ces images. Est-il digne de jouer sur les deux tableaux et la justice se grandit-elle en se faisant complice de telles opérations ? Cette instrumentalisation des tribunaux ramène les magistrats au rôle d'auxiliaires dévoués d'une gestion professionnelle d'image, de protecteurs de la manipulation de masse. Brigitte Bardot a fait condamner Vadim parce que, dans ses Mémoires, il utilisait sa vie privée, mais elle-même, lorsqu'elle a entrepris de raconter à son tour ses souvenirs, a exploité sans sourciller la vie privée de ses divers compagnons et celle de son fils.

Combien sont-ils à utiliser cyniquement à la fois la dénonciation du viol de leur vie privée et l'exploitation publique de leur intimité pour attendrir la ménagère de moins de cinquante ans ? Claire Chazal attaque systématiquement en justice, même pour des articles anodins citant ses amis politiques ou ses lieux favoris, renseignements qu'elle donne par ailleurs, sans hésiter, dans la presse « sérieuse ». Un magistrat a accepté de monter au créneau. Érigé en shérif, il a entrepris, de sa propre initiative, de rétablir ce qu'il pense être l'ordre public. La première chambre civile du tribunal de Nanterre s'est fait une spécialité de la répression des atteintes à la vie privée et de la condamnation des paparazzi, infligeant des sanctions toujours plus lourdes, c'est-à-dire aussi des dommages et intérêts particulièrement conséquents. Sous la férule de ce président les amendes ont soudain été agrémentées d'un zéro supplémentaire, passant de trente à trois cent mille francs avec des pointes à six cent mille. Comme par hasard, son prétoire ne désemplit plus. Des avocats se sont spécialisés dans le dépouillement de cette presse puis contactent les éventuels plaignants en leur faisant miroiter de mirifiques dédommagements. Une pratique professionnelle directement calquée sur le modèle américain où certains hommes de loi vont démarcher leurs clients sur les lieux mêmes des sinistres ou des accidents. Les malheureuses stars, blessées dans leur intimité, ne recherchent pas seulement une réparation morale, elles se précipitent vers la manne. En trois ans, le nombre de dossiers traités par la première chambre civile de Nanterre a plus que quadruplé, passant d'une soixantaine à près de deux cent cinquante. Pour quel bénéfice social? Est-il digne d'une démocratie que s'élaborent ainsi, en utilisant la justice, de fructueuses stratégies financières, que s'instaure un argent de poche judiciaire? La rente annuelle que se constituent les princesses Grimaldi, Vincent Lindon et Johnny Hallyday oscille entre cinq cent mille et un million de francs, nets d'impôts.

Il n'est pas question d'ériger *Voici* en parangon des vertus démocratiques ni même de le proposer en modèle du journalisme contemporain. Sa stigmatisation a toutefois quelque chose de suspect. Car en France, au nom du respect de la vie privée, bien trop de portes se ferment qui devraient demeurer ouvertes. S'il est légitime de garantir au citoyen le respect de son intimité, si Catherine Deneuve, parce qu'elle est discrète sur sa vie privée, peut être fondée à refuser qu'un ouvrage évoque une liaison amoureuse passée, la question devient plus complexe dès que l'individu en cause exerce des responsabilités sociales importantes, à plus forte raison s'il a choisi de briguer un mandat électif. Or, l'article 9 du Code civil fait fi de ces subtilités. Et tandis que l'opinion est opportunément distraite par le triste sort de princesses harcelées, elle accepte, par ignorance, que soient muselés d'authentiques chercheurs, que lui soient cachées des informations importantes pour comprendre le fonctionnement réel de la société. Une législation abusivement restrictive permet, en France, d'empêcher des études littéraires complètes sur un auteur, des biographies non édulcorées. Un universitaire américain travaillant sur Saint-Exupéry peut évoquer sans crainte le rôle de la maîtresse qui marqua les dernières années de l'écrivain et intervint dans la gestion de ses manuscrits. Son homologue français, en revanche, est réduit au silence. Pas question non plus d'évoquer l'emprise profonde de la drogue sur le petit groupe qui s'était constitué autour du couple. Il ne s'agit pourtant pas là d'une curiosité gratuite mais de données qui permettent de mieux comprendre une vie et une œuvre. Relevant que le *Guernica* de Picasso traduit au moins autant les conflits sentimentaux du peintre que la guerre d'Espagne, Philippe Sollers notait que vie privée et création sont indissociables. Jules Roy écrit dans son *Journal*, à propos de la compagne de Saint-Exupéry : « Comme on comprend qu'il n'ait pas été rattaché à la vie par cette grande jument-là! Quelle emmerdeuse elle a dû être! Et lui, comment a-t-il pu, une seconde, trouver plaisir à son commerce? Comment a-t-elle pu l'épater? Par son nom? Sa fortune[2]? » En vieillissant, l'égérie n'a rien perdu de

son caractère vindicatif. Emmerdeuse elle était,
emmerdeuse elle demeura. Faute de pouvoir
obtenir gain de cause devant les tribunaux anglo-
saxons, elle a su faire interdire au public français
le récit de ses frasques de jeunesse en menaçant
les éditeurs, en faisant amputer les traductions
d'ouvrages. Tout cela grâce au couperet des
«atteintes à la vie privée».

La biographie d'une autre muse à la forte personnalité demeure interdite au public français
bien qu'elle ait tenu un rôle non négligeable
sur la scène parisienne, artistico-intellectuelle
d'abord puis diplomatique. Il s'agit de l'ancienne
ambassadrice des États-Unis, Pamela Harriman,
dont nul ne peut sérieusement prétendre expliquer l'influence en faisant abstraction de sa vie
érotico-sentimentale. Les lecteurs anglophones
disposent, la concernant, d'une de ces biographies circonstanciées sur lesquelles, en dépit de
leur caractère trop souvent indigeste, la critique
française, jugeant au volume pour ne pas dire au
poids, affecte de s'extasier. Quelques esprits pré-
cieux ne manquent jamais, dans la foulée, de
célébrer une «école américaine» et de s'étonner
de la supposée paresse des biographes français.
Celle-ci peut exister, mais elle ne suffit pas à
expliquer pourquoi le croustillant ouvrage que
le journaliste Christopher Ogden a consacré à
Pamela Harriman demeurera inaccessible au
public français, bien qu'il illustre un pan de son
histoire nationale. La raison en est l'article 9 du

Code civil. Maurice Druon et Pierre Bergé peuvent somnoler tranquilles dans les discrets salons de leurs Instituts, nul impertinent ne viendra réveiller leurs truculents souvenirs ni ceux de leurs pairs. Respect de la vie privée oblige.

Dans le même temps, l'ouvrage posthume de Lucien Bodard[3] consacré aux promotions canapé de Jiang Qing, l'épouse de Mao Zedong, connaît un succès en librairie et vient s'ajouter à une dizaine d'ouvrages disponibles en français sur les frasques de cette courtisane contemporaine. Nul ne s'en offusque. La Chine est loin, aucun personnage français n'apparaît, personne n'a donc cru nécessaire de faire obstacle à la diffusion de ces livres. En résumé, notre conception officielle de la vie privée est simple : si un sexe hexagonal s'érige, le couperet tombe. Ou plutôt le rideau. Et nous affectons de ricaner d'un puritanisme américain. Nous acceptons ce traitement, cette infantilisation, alors que nous osons nous présenter comme l'un des peuples les plus éclairés et les plus spirituels de l'univers. Un peuple qui ne baiserait pas.

Les Français ont dû patienter une dizaine d'années avant de pouvoir prendre connaissance, dans leur langue, de la biographie de Giacometti élaborée par James Lord[4], disponible en anglais, allemand, italien... Une veuve abusive, arc-boutée à l'exception judiciaire française, prétendait expurger le texte de l'écrivain américain : plus de relations extraconjugales, plus de prostituées, à la trappe également la stérilité du sculpteur et sa hantise de l'impuissance. Seul le décès d'Annette Giacometti a permis la traduction du texte. Chez nous, pour écrire l'histoire il faut que les protagonistes soient morts et leurs ayants droit également. Sauf si ces derniers font montre d'un peu de hauteur de vue, ce qui, par chance, se rencontre parfois.

Laure Adler a pu mesurer ce qu'ayant droit veut dire avec Jean Mascolo, le fils de Marguerite Duras. Assis sur la fortune qui résulte de l'exploitation d'une œuvre à laquelle il n'a aucune part, il ergote. La biographie rédigée par la journaliste[5] et qui devait paraître pour le second anniversaire de la mort de l'écrivain ne lui convient pas. La sortie a dû être reportée en catastrophe. Un compromis doit être trouvé pour parler de l'attitude de Marguerite Duras durant l'Occupation et de ses relations avec un homme de la Gestapo dont elle espérait obtenir la libération de son mari, Robert Antelme, arrêté en juin 1944. Vie privée : tabou. Pourtant, Marguerite Duras elle-même a traité l'épisode dans *La Douleur*[6] et n'est-il pas du devoir de tout biographe de tenter d'explorer la part qui revient à l'imaginaire dans le récit de cette aventure ? Prétendre interposer le respect de la vie privée revient à interdire l'analyse littéraire et la démarche biographique. Car «l'effigie pathétique d'une intelligentsia grotesque et décadente», pour reprendre une formule de Laure Adler, a menti, beaucoup menti.

Autre source de difficulté, les pudeurs d'une des grandes consciences de cette intelligentsia, Jorge Semprun, accusé par d'anciens membres de la cellule communiste 722 d'avoir rapporté à la direction du Parti des propos critiques tenus, au comptoir du « Bonaparte », sur Louis Aragon et le responsable des intellectuels par le groupe d'amis de Duras. L'exclusion ne tarda guère. Aujourd'hui, Semprun joue les vierges effarouchées alors qu'il n'aurait accompli que son devoir de militant en dénonçant des « déviationnistes ». Évidemment, depuis 1950 les temps ont changé, les références aussi. Le regard porté sur de tels comportements a évolué. Les faits demeurent.

Occupation, Résistance, communisme, trois thèmes qu'il est toujours délicat d'agiter dans notre société et, en particulier, au sein de la gauche intellectuelle. Ils cachent trop de mensonges ou raniment trop de mauvais souvenirs. Laure Adler, mieux que personne, aurait dû le savoir. N'a-t-elle pas été l'une des collaboratrices de François Mitterrand, sa francisque, son ami Bousquet et sa jeunesse française ?

Dans la garde vigilante des turpitudes passées de leur parentèle, les ayants droit se montrent souvent plus intraitables que ne l'aurait été l'aïeul mis en cause. Le médecin personnel de Mitterrand en a fait l'amère expérience. Alors que son patient n'avait jamais, de son vivant, attaqué un ouvrage — bien qu'il n'ait guère été épargné par des libelles de toute nature et de toutes origines et qu'il se soit volontiers glorifié de cette attitude —, voici qu'à peine passé de vie à trépas, la protection de ses mânes est devenue un devoir aussi sacré que le culte du souvenir de Lady Di. Après avoir affecté le plus grand libéralisme lors des obsèques, la veuve de l'ancien chef de l'État a lâché son pitbull contre *Le Grand Secret*[7]. Sous la double pression de l'émotion naturelle engendrée par la mort d'un homme qui présida durant quatorze ans aux destinées du pays et des coups de gueule de l'avocat de la famille, Me Georges Kiejman, les magistrats ont rendu les armes à une opinion fugitive bien plus qu'ils n'ont rendu justice. Le livre a été, ni plus ni moins, interdit. Frileux, le monde de l'édition n'a pas osé réagir à la mesure du méfait commis. En subissant ce coup, il se préparait d'autres déboires.

Car enfin, que disait le médecin que les Français n'avaient pas le droit d'entendre ? Que depuis 1981, lui, Claude Gübler, avait, sur ordre, signé des communiqués mensongers concernant l'état de santé de François Mitterrand. N'est-il pas légitime de porter à la connaissance de citoyens si longtemps dupés ce trucage d'État ? Un individu, contraint à une pratique malhonnête, n'a-t-il pas le droit de confesser sa gêne et son trouble ? Et la santé de François Mitterrand relevait-elle de sa vie privée dès lors, d'une part, qu'il était devenu chef de l'État, d'autre part que, de sa propre initiative, sans que rien l'y contraigne, il avait «informé» régulièrement le pays sur ce point?

Passe encore que les autorités médicales s'émeuvent, qu'elles dénoncent une violation du secret professionnel, même après le décès du patient. Ce débat relève des instances ordinales. La justice n'aurait pas dû mettre son nez dans l'ouvrage, surtout pour prendre, en hâte, une décision aussi irrémédiable que la condamnation à mort d'un livre. Quant aux extravagantes compensations financières généreusement accordées — trois cent quarante mille francs —, elles ont quelque chose d'indécent. D'autant que, dans le même temps, toute la presse s'est fait un devoir de paraphraser l'ouvrage interdit sans que le trouble à l'ordre public soit apparent. Le caractère outrancier et conjoncturel de la décision de justice a été démontré, un an plus tard, lorsque le coauteur de Claude Gübler a, sous sa seule responsabilité et impunément, publié un récit similaire[8], aux apparences d'enquête journalistique. Faut-il, pour l'avenir, craindre que la fondation François-Mitterrand, sous la houlette de Mazarine, conçoive son rôle à la manière de la fondation Hergé qui interdit, en pratique, tout travail indépendant sur *Tintin* et son auteur en multipliant les obstacles juridiques?

Maîtresse et enfant naturelle de l'ancien chef de l'État ont bénéficié de nominations privilégiées dans la fonction publique, ont été logées, transportées et protégées sur fonds publics, ont justifié la création, dans le cadre de la présidence de la République et en violation des règles administratives, d'une cellule policière autonome, menant des actions illégales, à commencer par des écoutes téléphoniques clandestines. Dès lors, l'existence de Mazarine et de sa mère relevait-elle de la vie privée ou de l'information que tout citoyen est en droit de posséder puisque, comme contribuable, il assumait ces dépenses? Si chacun, par courtisanerie, conformisme ou pusillanimité, s'est plié à la volonté présidentielle de secret, c'est bien sûr pour ne pas heurter de front un pouvoir dont les capacités de représailles étaient réelles, mais c'est aussi en raison d'une législation qui permet de condamner sévèrement l'audacieux qui se serait risqué à transgresser la norme. Et que d'hypocrisie dans les épisodiques *mea culpa* médiatiques qui suggèrent que la leçon doit être tirée et qu'il conviendra de se montrer plus exigeant à l'avenir. Le discours journalistique autour de Clinton illustre au contraire à quel point la presse française s'effraie par avance d'avoir, un jour, à faire face à une situation de cette nature. N'a-t-on pas vu une vedette du journalisme télévisé se confondre en excuses, sur Canal +, devant l'acteur américain De Niro parce qu'un magistrat français avait osé l'interroger sur sa consommation de prostituées? Ce n'est pas demain que la presse française osera regarder la chair en face. L'actuel chef de l'État, comme les principaux dirigeants politiques, continuent de bénéficier d'un silence total concernant leur vie privée. La justice monte la garde et personne, au sein des élites dirigeantes, ne propose de la désarmer.

Or, quel auteur peut prétendre étudier le rôle d'un Roland Dumas, un demi-siècle durant, dans les coulisses de la presse, de l'art et de la politique puis à la tête de la diplomatie française, si la dimension de sa vie personnelle et de ses aventures sentimentales lui est interdite? L'affaire des commissions versées par le groupe pétrolier Elf à une amie très proche du président du Conseil constitutionnel a prouvé, si besoin était, combien factice est la distinction que le trop prudent législateur a opérée entre vie publique et vie privée.

Lorsque, en Corse, un magistrat instructeur couche avec un responsable de la gendarmerie, que le couple établit sa propre politique pénale à l'égard des nationalistes, que cette dérive mobilise dans la capitale plusieurs ministères et que le problème n'est réglé que par une mutation, est-ce que cet épisode appartient à la vie privée des deux fonctionnaires ou est-ce que, pesant sur la marche de l'État, il relève du débat public, l'information devant être transmise aux citoyens?

Lorsque, dans l'audiovisuel, d'importantes nominations résultent des relations intimes que la titulaire entretient ou a entretenues avec les décideurs politiques, est-ce un élément de la vie privée ou une dimension de la vie publique ?

Lorsqu'une femme accède à un portefeuille ministériel après être passée dans le lit du chef de l'État ou du chef de gouvernement — le cas est rare mais il existe —, est-ce que cet élément de compréhension des jeux de pouvoir doit être ignoré des électeurs ?

Nul n'est contraint d'accepter des fonctions officielles, des charges publiques. Les briguer devrait entraîner, si besoin est, la levée des règles de protection de la vie privée qui concernent les citoyens ordinaires. Si les véritables puissants laissent indemniser avec tant de générosité et de mansuétude les starlettes infidèles et les princesses bafouées, s'ils ont été parmi les premiers à exploiter l'émotion populaire provoquée par le décès accidentel d'une héroïne de la presse du cœur, c'est qu'ils ne se méprennent pas sur les enjeux. Ils entendent pouvoir continuer, en toute impunité, à leurrer le citoyen, à mentir à l'électeur. Leur vie privée doit demeurer inaccessible sauf lorsqu'ils décident d'en faire un argument électoral.

Quand Valéry Giscard d'Estaing, pour rameuter le chaland, faisait placarder sur les murs de France la photo de sa famille, ou lorsque Laurent Fabius convoquait caméras et objectifs pour qu'ils immortalisent la balançoire installée pour ses enfants sur la pelouse de l'hôtel Matignon, n'ont-ils pas effectué un usage public de leur vie privée ? Dès lors, il est naturel de se demander si la référence utilisée, si le message ainsi suggéré sont authentiques et sincères, s'ils correspondent à la réalité vécue par ces aspirants à la magistrature suprême. Le citoyen est en droit de réclamer des comptes et, puisque ces personnages publics se sont hasardés à user de leur famille dans le débat national, à quel titre pourraient-ils prétendre ensuite interdire une description critique de leur vie sentimentale ? Or, pour ces deux exemples, le mutisme demeure. Dans le cas de Valéry Giscard d'Estaing il est trop tard. Dans le cas de Laurent Fabius il n'est plus temps. Pour les Français, seuls demeurent les mensonges.

Lorsque Michèle Barzach rameute les journalistes avant d'aller, à vélo, chercher sa fille à l'école, elle s'expose à ce que l'enfant devienne un enjeu médiatique. Lorsque la camarade Ségolène, en attendant de redevenir la ministre Royal, et après avoir fait commerce d'un de ses accouchements, multiplie les reportages complaisants sur sa vie de couple avec le premier secrétaire du Parti socialiste, elle tente d'imposer des choix personnels comme référence sociale. Ayant elle-même choisi le terrain, comment pourrait-elle interdire aux adversaires du concubinage d'exploiter plus avant sa vie personnelle pour y débusquer des arguments contraires ? Quant aux vacances, elles sont, chaque année, le prétexte de reportages « humains » dans lesquels sont soigneusement utilisées les ficelles de la vie privée,

qu'il s'agisse d'Élisabeth Guigou dans sa thé-
baïde, de Lionel Jospin sur l'île de Ré ou en
Grèce, ou de Jacques Chirac flanqué de sa fille et
de son petit-fils à l'île Maurice.

Un penchant certain pour l'exhibitionnisme
chez des hommes et des femmes qui sont prêts à
tout pour se hisser sur le pavois explique pour
une part cet étalage intime. Un calcul madré
n'est cependant pas exclu. Plus les publicitaires
se sont investis dans le monde politique, plus ils
ont pris en main la propagande des candidats,
plus le débat public s'est concentré sur les personnes en se vidant parallèlement de son contenu
intellectuel. Selon les critères d'efficacité de la
publicité, la mémorisation d'une campagne est
garante de son succès. Or, le message politique,
s'il porte vraiment sur la gestion d'une société,
est inévitablement complexe et changeant, donc
difficile à synthétiser et à mémoriser. Le respect
de l'électeur exige pourtant de tenter l'opération.
Les gourous de la communication publicitaire
ont préféré balayer l'obstacle en faisant glisser le
discours du fond sur la forme, du contenant sur
le contenu, de la politique sur le candidat.
Comme il est trop compliqué de présenter une
politique, que leurs outils habituels sont inadap-
tés à pareille entreprise, ils ont substitué l'homme
à ses idées. Ils revenaient ainsi en terrain connu.
On peut vendre M. X ou Mme Y comme une
savonnette, en usant des mêmes techniques.
Tout pari sur la paresse humaine étant, par

nature, gagnant, et la vanité des hommes politiques aidant, le concept a fait florès, théorisé par
quelques incultes pédants sous les applaudisse-
ments des sots. À nouveau, la démocratie venait
de perdre une bataille.

« Que les socialistes n'aient pas été aussi socialistes qu'ils le prétendaient, a noté avec mesure et
mansuétude Pierre Bourdieu, cela n'offusquerait
personne : les temps sont durs et la marge de
manœuvre n'est pas grande. Mais ce qui peut
surprendre, c'est qu'ils aient pu à ce point contribuer à l'abaissement de la chose publique[9]. » Le
retour de balancier s'amorce lentement, davantage en raison des excès financiers des campagnes
à grand spectacle des années 80 qu'à cause de la
faiblesse des grands thèmes véhiculés. Le risque,
à présent, serait de laisser s'installer l'idée du
« tous pourris » sur laquelle prospèrent de grossiers démagogues et un populisme ravageur.
Encore faut-il s'entendre. Au nom de la dénonciation de ces périls réels, les grands politologues
de service ont vite fait de taxer de populisme quiconque ose dénoncer les abus. À peine le vice
aperçu, ils jettent un voile pudique en prétendant
que le mal a été éradiqué. La pratique des partis
politiques s'en ressent. Leur lâcheté est tout simplement irresponsable. Bénéficiant désormais de
confortables revenus sur fonds publics, ils continuent à flirter avec d'autres sources financières
illégales. Le rocambolesque épisode des fonds
secrets que les dirigeants du Parti républicain

disent avoir reçus d'Édouard Balladur pour acheter le siège de leur formation n'est que le dernier en date de ces abus. Plus grave encore, alors que la justification première des formations politiques, dans une démocratie, consiste à sélectionner les cadres dont le pays a besoin, toutes les grandes organisations persistent à investir des hommes moralement déconsidérés par crainte — souvent fondée — de perdre la circonscription qu'ils représentent. Un siège plutôt que mon âme, telle est leur règle. En s'abritant derrière des arguments formels comme la présomption d'innocence ou, pis encore, l'amnistie, les états-majors des partis se sont montrés incapables d'écarter l'ancien ministre socialiste Christian Nucci en dépit de ses faiblesses humaines patentes dans l'affaire dite du Carrefour du développement, ou encore Jean-François Mancel (RPR) dans l'Oise, François Bernardini (PS) dans les Bouches-du-Rhône, Claude Dumond (centriste) dans les Yvelines. La liste n'est qu'indicative. Même le sinistre Mellick n'est tenu en lisière que du bout des lèvres par la direction du PS qui redoute la capacité de nuisance d'un homme dépositaire des secrets de la trésorerie de la fédération socialiste du Pas-de-Calais. Et Didier Schuller ? Le fringant candidat RPR à Clichy, ancien directeur des HLM des Hauts-de-Seine, pour lequel la police avait monté une opération destinée à le débarrasser d'un juge trop curieux, est, par miracle, parvenu à quitter l'hexagone et bénéficie hors des frontières de villégiatures discrètes.

Comment pareilles faiblesses pourraient-elles rétablir la confiance? Pourquoi un tel décalage entre la proclamation du principe et l'exercice de terrain si ce n'est en raison de la relation malsaine que les formations politiques continuent d'entretenir avec l'argent? Quand on pense que depuis des décennies, de jeunes cadres du PSU puis du PS se sont formés à la gestion à travers les magouilles détestables de la Mutuelle nationale des étudiants de France, on demeure accablé. Or, bien que nul n'en ignore, la plaie n'est toujours pas cautérisée, les affairistes ont toujours pignon sur rue, en particulier à la fédération de Paris du PS. La relève progressiste des Tiberi promet! Le couple des Thénardier du Vᵉ arrondissement a transformé, en attendant, l'Hôtel de Ville de la capitale en auberge corse où se retrouvent parentèle, clients et solliciteurs, bref la faune interlope qui peuple abusivement les listes électorales, rend vain le recours aux scrutins et ruine ainsi l'idée même de la démocratie. Seulement, publier leurs noms reviendrait à porter atteinte... à leur vie privée.

Le vengeur démasqué

Pour faire condamner les paparazzi qu'il accuse d'être responsables de la mort de son fils, Mohammed al-Fayed s'est offert les services de Mᵉ Georges Kiejman. Légitime douleur de l'inconsolable père de Dodi ou précautionneux contre-feu du propriétaire du Ritz qui redoute les vertigineux dommages et intérêts que pourrait lui coûter le fait d'avoir confié le couple d'amants à un de ses salariés ivre ? La présence de Mᵉ Kiejman dans un tel dossier n'est qu'une des nombreuses illustrations des fidélités successives et contradictoires de cet avocat qui fut un éphémère ministre délégué à la Justice. Et ce n'est pas un hasard si sa haute silhouette à la fine moustache démodée hante nombre de ces pages. Éminent homme de gauche, adepte du progrès et des Lumières, l'avocat qui représenta, un quart de siècle durant, les intérêts des Gallimard, qui défendit Ionesco et Barthes, est devenu l'un des principaux boutefeux de cette fin de siècle, s'attachant à allumer les autodafés sur lesquels doivent se consumer les ouvrages iconoclastes qui remettent en cause la légende de François Mitterrand ou celle du couple Aubrac. Pour le docteur Claude Gübler ou pour l'historien Gérard Chauvy, le lettré Kiejman ne conçoit qu'une seule et même mesure : la destruction des ouvrages [1]. Devenu l'Attila du référé-diffamation, pour lui un bon livre est un livre saisi.

Les plus vigilants gardiens du mensonge se recrutent, comme il est de règle, parmi les néophytes. Georges Kiejman a trouvé son chemin de Damas dans le cloaque des arrière-cours du second septennat de François Mitterrand. Une piteuse carrière ministérielle achetée au prix d'une courtisanerie qui fit se gausser tout Paris a métamorphosé le jeune homme méritant, payant ses études en travaillant dans un atelier de pelleterie, fier d'arborer son ancienne proximité avec Pierre Mendès France comme d'autres le saint sacrement, en grand bourgeois arrogant, normalisateur acariâtre de la liberté de la presse et gardechiourme des vanités établies. Présent à la fois sur les champs de la justice, des médias et de la politique, le Fouquier-Tinville des paparazzi s'offre en incontournable tête de Turc. Comment éviter de lui rappeler qu'il faisait montre de plus de largeur de vue lorsque, ayant souvent revêtu la robe pour défendre les publications du groupe Hachette, il plaidait dans *Paris-Match* en faveur de la presse dite de charme et dénonçait les attaques juridico-étatiques dont elle était la cible. La droite, il est vrai, gouvernait alors et l'avocat de gauche pouvait donc brocarder à loisir « une pudeur décrétée qui s'inscrit dans une tentative beaucoup plus générale pour mettre la presse au pas et la conduire à l'autocensure[2] ».

Trois ans plus tard, la gauche étant revenue aux affaires — dans tous les sens du terme —, le même signe dans la revue *Le Débat* un article hallucinant dans lequel il préconise ce qu'il dénonçait : la mise au pas de la presse. À l'en croire, le juge, « terrorisé par l'idée qu'on pourrait lui reprocher de porter atteinte à la liberté de la presse », en serait venu peu à peu à une action de routine « qui fait que la répression des infractions, la sanction des abus de liberté de presse, est aujourd'hui, au sens littéral du terme, énervée[3] ». Ah, le bon apôtre! Ah, le jean-foutre, oui! Et de préciser que les amendes sont devenues trop faibles pour dissuader les éditeurs, que les malheureux plaignants doivent « être très courageux pour se lancer dans un procès en diffamation ». Nous nous trouvons, selon lui, « devant un état de quasi-irresponsabilité de la presse ».

Quelles solutions préconise le vaillant défenseur du riche et du puissant? Un ordre des journalistes? Il hésite, mais la notion fleure trop l'époque pétainiste pour un nez aussi délicat. Une charte des devoirs des journalistes pour le moins, « que chacun des directeurs s'engagerait à appliquer en cas d'infraction ». « L'autodiscipline de la profession doit être encouragée», ose-t-il commenter. L'autocensure, aurait-il dû écrire. À cela s'ajouteraient, comme de bien entendu, «de vrais dommages et intérêts» afin qu'un «journal y regarde à trois fois avant de publier n'importe quoi». Bref, préconise Mᵉ Kiejman, tapons à la caisse et fortement.

À quel souci répondait, en 1990, ce soudain besoin d'en finir avec la vieille loi libérale du 29 juillet 1881 par laquelle la Troisième République a institué la liberté d'expression, texte qui a donné jusqu'à présent satisfaction? Nous sommes en pleine tourmente de l'affaire Urba. Le chef de l'État lui-même est acculé. Ses secrets familiaux et financiers à deux doigts d'être percés, il a besoin d'aide et Georges Kiejman se morfond. Toute la cour a été dotée mais lui n'a encore rien obtenu. Il doit convaincre le monarque que ses services sont inemployés à tort. D'où cet aveu en appendice de son article du *Débat* : «J'estime que les hommes politiques devraient pouvoir plus facilement se faire respecter lorsqu'ils sont injustement attaqués ou diffamés.» À bon entendeur, salut.

En réalité, dans ce texte, Mᵉ Kiejman s'est borné à théoriser, sur un mode mineur, son nouveau comportement. Un an auparavant, candidat officiel à la présidence de France-Télévision, il s'était vu souffler ce poste, sur le fil, par un inconnu : Philippe Guilhaume. La personnalité tranchante de l'avocat d'une part, son allégeance au chef de l'État d'autre part, l'ampleur et le manque de discrétion des pressions mitterrandistes enfin expliquent cet échec. Jacques Boutet, alors président du Conseil supérieur de l'audiovisuel — poste également brigué en vain par Mᵉ Kiejman —, avait prononcé l'absoute : « Trop de piston tue le piston. » Se vivant comme brimé et victime d'une cabale médiatique, l'avocat de la famille Mitterrand et des affidés s'était lancé dans une véritable guérilla contre les journaux, en s'attachant à contourner, autant que possible, la loi de 1881. C'est à lui que l'on doit, pour une large part, le recours devenu systématique à la procédure du référé, en principe réservée à des cas exceptionnels car elle a pour conséquence d'amputer les droits de la défense. Par ce biais, il défendit notamment Bernard Kouchner contre *Le Parisien* et Jean-Christophe Mitterrand contre *L'Événement du jeudi*, alors dirigé par Jean-François Kahn et qualifié par l'ardent réducteur de têtes indociles de « torchon ». Le fils du Président de l'époque, chargé des affaires africaines à l'Élysée et surnommé à ce titre « Papamadit », s'était vu attribuer, grâce au détournement de procédure opéré par Mᵉ Kiejman, quatre-vingt mille francs de provisions pour dommages et intérêts. Après le jeu des recours et un débat de fond, il est apparu que la « diffamation évidente » sanctionnée par le juge des référés n'en était plus une devant le tribunal correctionnel. Obstiné, Mᵉ Kiejman a mené le

dossier jusqu'en cassation pour s'entendre dire
par la juridiction suprême que le recours au juge
des référés n'avait pas permis aux journalistes mis
en cause de disposer des dix jours prévus par la
loi sur la presse pour constituer leur offre de
preuve. Or, en l'absence d'une telle offre, les
magistrats ne sont pas en mesure d'apprécier si le
trouble causé par la publication est licite ou non.

Sortie par la porte de la Cour de cassation, la
procédure du référé en matière de diffamation a
néanmoins effectué un retour en force ces dernières années. Comme si l'arsenal juridique tra-
ditionnel ne suffisait pas, les magistrats disposent, depuis 1970, de la faculté d'intervenir avant
même que ne soit commis l'éventuel délit. Sta-
tuant en référé, c'est-à-dire en urgence et sans
qu'intervienne un débat contradictoire sur le
fond avec éventuel apport de preuves, ils peuvent
interdire la diffusion d'un livre ou d'un organe
de presse au prétexte de prévenir ce qu'ils estiment constituer un dommage. Dans un premier
temps cet usage déjà exorbitant du référé s'est
limité à la protection de la vie privée — vie familiale, sentimentale et sexuelle, amitiés, reli-
gion... — puis, comme toujours, la pratique a
commencé à s'étendre de proche en proche pour
être utilisée désormais à tout propos et hors de
propos dès lors qu'un individu ou une institution s'estiment injuriés ou diffamés. Les exemples
sont multiples. Pour le plus grand triomphe de
Me Kiejman, les juges ont ainsi commencé à ran-

ger au magasin des accessoires la loi de 1881. Un texte qui fonde pourtant l'exercice de la liberté d'informer et de publier et qui repose sur le principe : «L'imprimerie et la librairie sont libres.» Les actions tendant à entraver cette liberté sont scrupuleusement réglementées, notamment par la limite de trois mois pour engager des poursuites contre un livre ou le délai de dix jours pour apporter une offre de preuve. En ce domaine particulièrement sensible, les fondateurs des usages démocratiques avaient voulu imposer la sérénité de la distance. Alors même qu'à cette époque, la violence verbale était bien supérieure à celle que nous connaissons, la règle posée par le législateur de la Troisième République est que la sanction ne peut intervenir qu'*a posteriori* et que, dans l'intervalle, le présumé diffamé dispose d'un droit de réponse. Aucune saisie préalable des écrits contestés n'est possible, sous réserve de... cinq exemplaires à titre de preuves. Rien à voir avec les mesures expéditives que s'autorisent de nos jours les juges des référés. L'ampleur du retour en arrière est simplement consternante.

En imposant, par la lourdeur des astreintes financières, un arrêt de la commercialisation avant tout débat de fond, le juge des référés pratique la saisie de fait de l'ensemble du tirage. Non seulement il contourne les protections offertes aux auteurs et aux éditeurs par la loi de 1881, mais encore il interdit en pratique le bénéfice de la bonne foi que la jurisprudence définit par : la légitimité du but poursuivi, l'absence d'animosité personnelle, la prudence et la mesure dans l'expression, la vérification des sources, la qualité et la fiabilité de l'enquête. Le respect de cette bonne foi permet d'échapper à toute condamnation. Sous prétexte d'empêcher que survienne un dommage, le juge des référés peut en effet faire supprimer un passage d'un livre en imposant à l'éditeur une pénalité pour chaque exemplaire non conforme qui serait découvert ensuite en librairie. Il y a quelques années, les tribunaux laissaient plusieurs jours voire quelques semaines aux éditeurs pour prendre les dispositions nécessaires. L'occultation, ne serait-ce que de trois lignes dans un volume de mille pages, contraint en effet au rappel de la totalité du tirage — soit un coût de vingt-cinq à trente mille francs pour prévenir distributeurs et points de vente — puis à une remise en place dans les librairies alors que la commercialisation vient à peine de débuter. Il existe, en France, quinze à vingt mille points de vente de livres et il est matériellement impossible à l'éditeur de connaître l'ensemble des dépositaires du titre contesté. En effet, il ne gère directement que ses principaux clients, en moyenne deux mille ; les autres s'approvisionnant auprès de grossistes. Avec la meilleure volonté du monde, un éditeur condamné à retoucher un ouvrage se trouve dans l'impossibilité matérielle de récupérer tous les volumes à lui seul. Il dépend du bon vouloir des libraires et des distributeurs.

S'ils conservent le livre en rayon et qu'un huissier dépêché par le plaignant vient à passer, c'est l'éditeur qui règle l'amende dont les montants ont connu une vertigineuse inflation ces derniers temps, pour la plus grande joie de Mᵉ Kiejman. En outre, la diffusion des téléphones portables permet aux huissiers — le fait a été observé ces derniers mois — de se trouver dans de grandes librairies pour attendre le feu vert du tribunal et commencer aussitôt leurs constats. Les tribunaux attribuant les frais d'huissier à la charge de l'éditeur condamné, pourquoi les plaignants se limiteraient-ils à quelques actions symboliques? Ils ne manifestent plus aucune retenue. Que peut faire, dès lors, l'éditeur à qui l'on ôte toute marge de manœuvre et qui voit les astreintes s'empiler sur les astreintes, heure par heure? Ce n'est plus de la justice, c'est de la boucherie.

À cette sanction financière directe, il convient d'ajouter les considérables frais induits par de telles décisions précipitées. Ils sont bien supérieurs aux condamnations elles-mêmes et peuvent avoir des conséquences parfois mortelles pour les entreprises, comme l'a prouvé le calvaire vécu par Jérôme Lindon et les éditions de Minuit durant la guerre d'Algérie. Pour comprendre ce phénomène, il convient de savoir que sur un ouvrage hors-taxe dont le prix est, par hypothèse, de cent francs, il revient en moyenne dix francs à l'auteur, vingt francs rémunèrent la réalisation technique et l'impression, cinquante-cinq francs correspondent à la diffusion (dont trente-trois francs au libraire), ce qui signifie qu'il ne reste que quinze francs à l'éditeur. La sanction judiciaire devrait donc prendre en compte cette réalité et admettre que le quart du prix d'un livre seulement, c'est-à-dire ce qui correspond aux parts de l'auteur et de l'éditeur, est accessible à une sanction pénale. Aucun éditeur ne prendra le risque de maintenir en rayon un ouvrage condamné valant cent francs pour lequel l'astreinte financière serait de vingt-cinq francs par infraction constatée puisqu'il perdrait déjà toute marge de gain. Les sommes arbitrairement fixées, qui atteignent couramment plusieurs dizaines de milliers de francs, sont non seulement superfétatoires mais surtout menacent les entreprises bien au-delà de l'objet du délit.

D'autant qu'à ce manque à gagner de l'auteur et de l'éditeur, l'arrêt de la commercialisation ajoute une perte sèche équivalant, à nouveau, au quart du prix de vente, c'est-à-dire, dans notre hypothèse, aux vingt francs qui correspondent aux frais de fabrication auxquels on peut adjoindre cinq francs de frais généraux irrattrapables de l'éditeur. La thèse de Mᵉ Kiejman affirmant que les sanctions pécuniaires directes infligées par les tribunaux sont insuffisantes pour dissuader méconnaît de manière dramatique les réalités économiques de l'édition.

Les réalités commerciales ne sont guère mieux perçues. Lors de sa sortie, un livre bénéficie du soutien des représentants auprès des libraires, des attachés de presse auprès des médias. S'il manque ce rendez-vous parce qu'un juge des référés a malencontreusement croisé sa route, même s'il réapparaît trois mois plus tard le mal est fait. Il est certes courant de dire que les « scandales » — entendez les procès — garantissent le succès des ouvrages. Pour être sans cesse colporté ce lieu commun n'en est pas moins faux, car ce qui peut être vérifié pour quelques rares débats nationaux ne l'est pas pour les multiples actes de censure qui passent inaperçus au fil des audiences, surtout si la décision est prise en province.

En 1991, Philippe Bourdrel publiait le second volume de son *Épuration sauvage*[4], une page complètement occultée de notre histoire contemporaine. Parmi les régions traitées dans l'ouvrage figure le Limousin, une province où les lendemains de la Libération furent particulièrement sanglants et houleux puisque les règlements de comptes s'étendirent jusque dans les rangs communistes où deux lignes s'opposaient à l'époque. D'un côté les fidèles de la direction nationale du PCF soucieuse de sa réhabilitation et de sa réintégration dans le jeu politique, et donc dépendante des négociations entre de Gaulle et Staline et de la grâce accordée à Maurice Thorez afin de permettre son retour en France. De l'autre, certains des chefs communistes issus des maquis, hostiles à cet attentisme car ils constataient qu'un grand quart sud-ouest du territoire national était libre de toute présence militaire et se montraient, en conséquence, tentés par l'utilisation des « milices patriotiques » dans un but insurrectionnel. La mémoire locale de ces événements est encore douloureuse et un silence pesant est de règle sur le sujet. Philippe Bourdrel évoque dans son étude un FTP, décédé, responsable, selon lui, d'au moins vingt-cinq exécutions sommaires. Le fils de ce résistant, s'émeut et attaque en référé. N'ayant pu, entre la Roumanie et la Hongrie, déterminer la nationalité d'origine du FTP, l'auteur avait, maladroitement, parlé d'une « origine étrangère indéfinissable ». Sur ce seul fondement, le juge des référés requalifie les faits en racisme et décide... la saisie du livre ! Abus évident mais qui soulage tous ceux qui, dans le Limousin, souhaitent qu'on ne revienne surtout pas sur les crimes de l'Épuration. Trois mois plus tard, la cour d'appel de Limoges annule sèchement cet arrêt. Le mal est fait. Le résultat commercial est révélateur : le tome deux de *L'Épuration sauvage* fait moitié moins de ventes que le premier volume. Le mensonge a été préservé.

Bien que journaux et maisons d'édition aient largement fait vivre son cabinet, des décennies durant, l'avocat devenu procureur ne témoigne de nulle reconnaissance du ventre. « Frappez à la caisse » va répétant Mᵉ Kiejman en dénonçant les éditeurs qui « battent pavillon marchand ». Ah, le pur esprit, ce n'est pas lui qui se laisserait aller à sélectionner ses causes pour la tune! Il ne défend Mohammed al-Fayed aujourd'hui, comme hier Simone Signoret, Régis Debray, Paul Lombard, Calmels, Gaston Defferre, Jack Lang, Jean-Louis Bianco, Danielle Mitterrand, Roger Hanin... qu'au nom de principes. Comme le disait une autre de ses illustres clientes, Lucie Aubrac, à propos du film de Claude Berri qui porte son patronyme : «Ah! le film... c'est marchand[5].» Comme quoi, on revient toujours aux valeurs de base.

Si les éditeurs ne travaillaient que pour l'argent, je ne saurais trop leur conseiller de bien vite changer d'emploi. Même dans la communication, la plupart des autres métiers rapportent bien davantage. Il n'empêche, la perverse démagogie de Me Kiejman creuse son sillon et, de proche en proche, force est de constater le durcissement des décisions de justice et, plus grave encore, la dérive de procédures qui vident de son contenu le principe constitutionnel de la liberté d'expression en réinstaurant un contrôle *a priori* de ce qu'il est permis de dire et des sujets sur lesquels un auteur a le droit de travailler.

Étrange démocratie en vérité que celle qui laisse à des fonctionnaires, livrés à eux-mêmes par l'effondrement de l'autorité politique en matière de justice et tournant le dos aux arrêts de la Cour de cassation, le soin de rétablir, sans même en avoir conscience, l'antique censure. Faut-il s'étonner de cet aveuglement ? Il n'est pas si rare. L'ancien déporté Edmond Michelet, qui fut garde des Sceaux du général de Gaulle, racontait comment, durant la guerre d'Algérie, une réunion interministérielle avait été consacrée à la gestion des camps d'internement dans lesquels étaient regroupés des Nord-Africains. Le représentant du Budget, un certain Valéry Giscard d'Estaing, avait proposé de réduire les coûts en faisant travailler les détenus. «Vous venez de réinventer les camps de concentration», s'était borné à commenter Edmond Michelet. Le sujet n'avait plus jamais été abordé.

Il est plus que temps qu'une prise de conscience similaire intervienne face aux nouveaux usages de la justice. Aussi ondoyant dans ses convictions qu'il se montre rigide dans les prétoires, Mᵉ Georges Kiejman ne peut impunément continuer à tirer le droit en arrière pour apaiser des blessures d'amour-propre qui résultent surtout de l'excès d'estime qu'il se porte. Certes, en ayant prouvé, au détriment de la liberté d'expression, sa capacité de nuisance, l'ambitieux avocat est enfin devenu ministrable : à la Justice puis à la Communication. Quel aveu ! On imagine le rictus sardonique de l'impotent monarque en arrêtant son choix. Intelligent et cynique, François Mitterrand chargeait Georges Kiejman de contribuer à écrire l'une des pages les plus noires de la justice française. Délégué aux côtés du trésorier de campagne du pré-

sident de la République promu garde des Sceaux
— on croit rêver, ou alors «sots» est mal ortho-
graphié —, l'avocat de la famille Mitterrand
devenu sous-ministre n'a eu pour seule véritable
fonction que d'enrayer les procédures qui mena-
çaient le souverain ou lui déplaisaient. Henri
Nallet a fait depuis amende honorable et
reconnu l'abus de pouvoir commis comme les
entraves mises au bon déroulement de la justice.
L'autocritique de Georges Kiejman tarde à venir.
Condamné à reprendre une robe qu'il avait cru
pouvoir enfin abandonner, l'éphémère gouver-
nant n'a conservé de cette expérience que le goût
amer de l'échec. Sa bile ne s'en est pas amélio-
rée. Faute d'être parvenu à régner sur le pays, ou
même sur les médias, il impose ses humeurs à
des présidents de chambre trop timorés pour
oser contrarier un de leurs anciens maîtres.
Pauvre revanche et pitoyable spectacle que celui
de ce préretraité colérique, reprenant la parole
après les défenseurs au mépris de toutes les règles
et sans égard pour les rituelles admonestations
qui lui sont adressées. Si au moins les magistrats
n'attachaient pas d'importance à ses vaticina-
tions, le dommage serait limité. Malheureusement, tel n'est pas le cas.
   Triste destin, pourtant, que celui de Georges
Kiejman. La comparaison avec le rival qui peuple
ses cauchemars tourne à sa confusion. L'image de
Robert Badinter demeure associée à l'abolition
de la peine de mort et au procès de Klaus Barbie

pour crimes contre l'humanité. L'action de Georges Kiejman se résume au caviardage du dossier Urba et à la protection du chef de la police de Vichy, René Bousquet. Le voici donc, ce héraut des gloires vacillantes, ce chantre des pouvoirs contestés, réduit à prolonger ses représentations au-delà du raisonnable, à vieillir en cabot des prétoires, ressassant ses aigreurs et dénonçant l'évolution des mœurs contemporaines. Cruelle fin de carrière. À sa décharge, il est plus facile de faire condamner un Allemand, nazi non repenti, que de traîner au banc d'infamie un notable français, radical et ami de François Mitterrand.

Une chimère

Les véritables enquêteurs ne sont pas très nombreux en France. Certes, le moindre reporter qui rapporte les propos tenus par l'un ou reproduit sous la dictée les pseudo-confidences d'un autre arbore volontiers ce titre, mais les exigences du métier sont trop contraignantes pour que le recrutement soit massif. En dehors de l'investigation sur des événements contemporains, la même frilosité se retrouve dans les études historiques. Trop d'universitaires bâtissent leur notoriété sur des synthèses, éventuellement brillantes, réalisées à partir de travaux déjà publiés, mais répugnent à retourner aux sources, à reprendre à la base les fastidieux dépouillements. Sans parler de ceux qui ont prétendu faire de l'histoire orale en reproduisant, presque bruts de décoffrage, les récits plus ou moins romancés de résistants dont nombre furent d'authentiques héros et certains d'incontestables affabulateurs. Henri Noguères, en rassemblant cette matière première, faisait œuvre utile, mais en prétendant avoir ainsi écrit l'histoire de la Résistance se moquait du monde et contribuait à propager une mythologie agréée dès la Libération par les deux principales composantes politiques de la lutte contre l'occupant : les communistes et les gaullistes.

Bridés par les magistrats, en butte aux chicaneries de leurs modèles, quelques rares audacieux parviennent néanmoins à tirer leur épingle du jeu. Parmi eux, Bernard Violet mérite une mention particulière puisque ses œuvres lui ont valu de connaître tous les démêlés possibles et imaginables avec la justice et d'établir une manière de record : l'interdiction théorique d'un livre non écrit mettant en cause un éditeur avec lequel aucun contrat n'était encore signé, à partir d'un texte non destiné à la publication! Quel stade du ridicule la justice devra-t-elle atteindre pour comprendre que la voie du référé-diffamation dans laquelle Me Kiejman l'a engagée est une impasse?

Déjà auteur de dix ouvrages et enquêteur rigoureux dans un univers où la superficialité exerce des ravages, Bernard Violet avait proposé aux éditions Grasset une biographie d'Alain Delon. Comme il est de règle dans ce genre de négociation, l'auteur avait résumé en une quinzaine de feuillets son projet. Un synopsis est un document interne qui définit, avant la fin de l'enquête, les axes de l'ouvrage et les pistes de recherche. Il est souvent rédigé à la hache puisqu'il ne sera pas rendu public d'une part et qu'il est supposé appâter l'éditeur d'autre part. Le texte de Violet n'échappait pas à la règle. Laure Adler, alors éditrice chez Grasset, a transmis la note d'intention à l'acteur. Sur la base d'un document interne à une maison d'édition, au demeurant impubliable sous cette forme, la machine judiciaire s'est mise en branle en urgence absolue. Aveuglement colérique de la star blessée ou maladresse d'avocat, des éléments qui devaient, dans une vie sociale normale, servir éventuellement de base de discussion entre les parties, étaient jetés à la publicité du prétoire. Ce qui revient à dire que les points sur lesquels Alain Delon voulait imposer le silence, il se précipitait pour les signaler à l'attention médiatique. On ne peut être moins habile. Le malin Jean-François Kahn n'a pas laissé passer l'occasion et, rejouant la scène de l'arroseur arrosé, s'empressa de publier dans son hebdomadaire *Marianne*[1] la plainte de l'avocat de Delon et la décision de la vice-présidente du tribunal de grande instance de Paris s'offrant le luxe d'interdire un livre non rédigé. Au nom du respect de la vie intime d'Alain Delon, va-t-il devenir impossible d'enquêter sur ses amitiés politiques d'extrême droite et ses relations avec le milieu ? Voilà des ébats sexuels qui cacheraient décidément trop de choses.

Quand l'incompétence et la maladresse des uns rencontrent la précipitation judiciaire des

autres, le résultat dépasse l'entendement. Car, à
la lettre, le tribunal paraît interdire toute biographie d'Alain Delon, position à la fois indéfen-
dable et inapplicable. La loi française est ainsi
faite qu'elle ne rend possibles que les biographies
«autorisées», c'est-à-dire réalisées avec l'accord
de la personnalité dont on traite. En dehors
d'une telle garantie, aucun auteur, aucun éditeur
ne peut être assuré de franchir victorieusement
l'obstacle judiciaire. D'autant que, comme si l'article 9 ne suffisait pas à bloquer les démarches
biographiques, le droit de la presse est de plus en
plus imposé à l'édition. On a vu, en avril 1998,
le tribunal de grande instance de Paris condamner les éditions Calmann-Lévy pour avoir publié,
à l'automne précédent, un livre illustré à la gloire
de Richard Virenque qui venait de terminer à la
seconde place le Tour de France. Certes, le cou-
reur cycliste n'a pas obtenu l'interdiction qu'il
réclamait mais des dommages et intérêts ont dû
lui être versés au nom d'une «atteinte à son
image». Cette notion n'est fondée sur aucun
texte de loi et ne découle que de la jurisprudence.
Elle implique que, même pour des photos ache-
tées en agence, leur utilisation soit soumise à l'au-
torisation du personnage représenté. Fort heureusement, de nombreuses entorses sont tolérées
au nom de l'actualité. C'est sur cette pratique que
se fondait l'éditeur en faisant valoir que les photos utilisées avaient été prises lors de compéti-
tions sportives publiques. Le tribunal a rejeté cet

argument sous prétexte que les illustrations étaient plus importantes que le texte. Surtout, il a fait écho à un argument de Richard Virenque qui se plaignait que le livre de Calmann-Lévy asséchait le marché pour l'autobiographie qu'il avait l'intention, pour sa part, de faire écrire par deux journalistes de ses amis. Le tribunal n'a écarté le raisonnement qu'en raison de la discrétion qui entourait le projet du cycliste. Faut-il donc comprendre que, selon les magistrats parisiens, il n'est plus possible de publier la biographie d'un personnage public si lui-même annonce publiquement qu'il a l'intention d'écrire — ou de faire rédiger — son propre panégyrique? Étrange conception de la liberté d'expression.

Un an avant l'épisode Delon, Bernard Violet avait déjà été l'objet d'une tentative comparable. Un banquier suisse, proche de François Mitterrand et qui servit de mentor à Pierre Bérégovoy, Jean-Pierre François, voulait faire saisir ses carnets de notes. Le tribunal avait estimé qu'en l'absence de publication, de texte de référence, il ne lui était pas possible d'agir et de contrôler *a priori* le travail d'un journaliste. Jean-Pierre François, habitué à gagner les nombreux procès qu'il a engagés au nom du respect de sa vie privée, s'est montré meilleur négociateur qu'Alain Delon. Rengainant les poursuites, il a préféré rechercher avec Bernard Violet le point d'équilibre qui permet de raconter l'existence d'un personnage public en n'évoquant sa vie privée que dans des termes acceptables[2].

Bernard Violet sait d'autant mieux ce que vie privée signifie que son premier ouvrage[3] avait été saisi, en référé, sur cette base avant même que sa vente ne débute. Le cas mérite d'être conté car il est révélateur des contradictions de la législation française. L'ouvrage contesté n'était qu'une enquête journalistique sur un fait divers qui avait mobilisé les rédactions en 1983. Le cadavre d'un agent secret français avait été retrouvé entre Nice et Isola 2 000 sans que l'enquête officielle tranche entre l'assassinat et le suicide. Le contexte de l'époque était lourd puisque quarante-sept Soviétiques avaient été expulsés par le gouvernement français. En outre, une mystérieuse Libanaise, présentée comme une nouvelle Mata-Hari, rôdait autour du disparu. Bref, une histoire propre à éveiller l'attention d'un fouineur professionnel. Pour son malheur, Bernard Violet, au terme de ses investigations, penchait pour le suicide et les démêlés sentimentaux. La famille, opportunément alertée sur un livre dont elle ne pouvait pas avoir eu connaissance par la voie commerciale, saisissait le prétexte d'une immixtion dans la vie privée du défunt pour obtenir une interdiction... qui a certainement soulagé les responsables des services français de renseignement.

Le monde de la presse comme celui de l'édition n'est pas peuplé que d'enquêteurs scrupuleux. Il en est malheureusement d'autres qui se laissent aller à «bidonner», à trafiquer. Un travers hélas répandu et qui exerce aussi ses ravages chez nombre de mémorialistes, nous aurons l'occasion d'y revenir. Or, quiconque prend la plume est responsable de ses propos et tout abus mérite sanction. Personne, en tous les cas pas moi, ne réclame l'impunité. Toutefois, pour apprécier le fonctionnement d'une démocratie, la manière dont elle châtie les coupables est révélatrice. Prenons le cas de l'ouvrage *L'Affaire Yann Piat*, signé par deux journalistes, André Rougeot et Jean-Michel Verne[4]. Il constitue une monstruosité éditoriale. Entendu. Il y avait matière à condamnation. D'accord. Ces deux arguments ne suffisent pourtant pas à légitimer une procédure pour le moins cavalière bien qu'elle ait été menée sous de suspectes acclamations médiatiques, souvent orchestrées par ceux-là mêmes qui avaient matière à se sentir morveux. Confondant à nouveau vitesse et précipitation, les magistrats ont cédé aux manœuvres d'intimidation de l'ancien ministre François Léotard, pagnolesquement relayé en sourdine par le maire de Marseille, Jean-Claude Gaudin. Maniant invectives et sous-entendus, accusant pêle-mêle la presse et l'Élysée, le secret-défense et les officines barbouzardes, l'ancien président du Parti républicain a, comme à son habitude, perdu son sang-froid. Pourtant ses pairs ne furent rebutés ni par ses excès de fiel ni par les moulinets dirigés contre certains d'entre eux. Ils firent, une fois n'est pas coutume, bloc. Non qu'ils tiennent en haute estime l'ancien maire de Fréjus, mais parce qu'ils ont immédiatement compris le profit à tirer du faux pas des éditions Flammarion. Acculée, dos au mur depuis des années, ployant sous les scandales à répétition, la classe politique se voyait enfin offrir l'occasion d'apparaître comme l'innocente victime d'une machination médiatique. Pourquoi aurait-elle laissé filer pareille aubaine ? Dans une touchante unanimité, le gouvernement et le Parlement en appelèrent à la justice et aux grands principes. Croyant échapper ainsi à l'opprobre, la presse a surenchéri. Dès lors, les magistrats ne virent plus de motif à se laisser entraver par la procédure. On allait voir ce qu'on allait voir. On a vu. Hélas.

Le référé-diffamation a effectué son retour en force, sans plus d'égard pour les fermes mises en garde de la Cour de cassation. Il ne faudra que quatre jours pour que la messe soit dite, la condamnation, déjà prononcée par les pairs des coupables, entérinée par les juges. Et la loi de 1881 dans tout cela ? Oubliée, disparue, enterrée. La défense ? Elle a ferraillé sur la procédure, s'indigna le procureur, comme si tel n'était pas son rôle et comme si, en droit, le respect de la procédure n'est pas la première garantie à offrir à l'accusé. Ce qui a conduit un avocat spécialiste du droit de la presse et de l'édition, Isabelle Théry, à décortiquer ce cas d'école.

Depuis la déconfiture de Mᵉ Kiejman devant la
Cour de cassation à l'occasion du dossier Jean-
Christophe Mitterrand, les juges des référés,
soucieux de conserver le pouvoir qui leur est abusivement concédé, contournent l'obstacle. Puisque
les auteurs de la supposée diffamation doivent disposer de dix jours pour rassembler leurs preuves,
les magistrats chargés de se prononcer sur le livre
de Rougeot et Verne le 13 octobre 1997 fixent au
24 octobre la suite des débats. Seulement, ce respect des règles n'est que formel. Car, tout en
admettant qu'ils ne sont pas en état, avant ce ren-
voi, d'apprécier le caractère illicite du trouble, les
juges assortissent ce délai de mesures contraignantes et suspendent la diffusion, mesure qui ne
peut cependant être prise qu'en présence d'un
« trouble manifestement illicite » constaté. C'est-à-
dire qu'ils tuent commercialement l'ouvrage. Dix
jours plus tard, ils n'auront plus à se prononcer
que sur le droit de vivre... d'un cadavre. Le juge
des référés s'octroie le pouvoir de prononcer avant
débat la sanction majeure — la saisie — en ren-
voyant à une audience ultérieure la condamnation
complémentaire : les dommages et intérêts.
    Comment les magistrats ont-ils justifié leur
pirouette ? En distinguant les obligations de la loi
de 1881, qu'il conviendrait de respecter lors de
la poursuite des délits de presse et de la réparation des dommages, et l'adoption de mesures
provisoires qui, elles, pourraient s'en exonérer.
Ce qui revient à dire que par prudence on s'abs-

tient de toucher à la presse. Par nécessité aussi car la saisie d'un quotidien ne peut techniquement intervenir avant sa diffusion, sauf à placer des censeurs au cœur des rédactions comme cela s'est pratiqué dans les périodes de guerre. En revanche, on s'autorise, en dehors du cadre de la loi de 1881, à décider la saisie d'un livre. L'usage du référé-diffamation réinstaure donc la censure. En voici une nouvelle preuve. Mais les juges vont encore plus loin. Conscients du fait qu'ils statuent avant que l'offre de preuves ait pu intervenir, ils établissent un distinguo promis à faire les délices des exégètes et le désespoir des éditeurs. Faute d'être en situation, à l'audience, d'apprécier la pertinence des preuves, ils estiment pouvoir néanmoins se prononcer sur leur existence et l'apparence de leur pertinence! Comment diable établir l'apparence d'une pertinence sans étudier le fond du dossier? En ratifiant les cris de la foule? Ce n'est plus de la justice, c'est du lynchage. Rougeot et Verne n'ont pas été sanctionnés conformément à ce qu'un citoyen peut attendre dans un État de droit mais sont victimes d'une vindicte orchestrée. La démocratie française n'en sort pas indemne.

En criant sans réfléchir haro sur les baudets, journalistes et éditeurs ont resserré d'un cran la laisse qui les étouffe. Ils ont laissé la justice substituer à la notion de « trouble manifestement illicite », qui sert de fondement à la procédure des référés, la simple notion de trouble. Le préjudice était-il, en effet, si considérable pour deux élus dont les noms ne figuraient pas dans le contestable ouvrage et qui sont habitués, depuis belle lurette, à des empoignades plus ou moins oiseuses ? Si quelque crédit avait été accordé à la rumeur les impliquant dans l'assassinat de Yann Piat, sans doute, mais il en alla tout autrement. Dès la sortie du livre, la levée de boucliers fut unanime. Même *Le Canard enchaîné*, qui avait déjà publié, sous la plume de Rougeot, des articles de la même encre, s'empressa de battre en retraite et de désavouer sans pudeur son «caneton». Puisque personne n'accréditait une thèse fleurant au demeurant le roman de genre, la justice pouvait attendre le débat de fond pour agir.

Mais, dira-t-on — comme n'a cessé de le clamer François Léotard —, soupçonner un ministre de menées criminelles est la pire des accusations qui puisse être proférée. À d'autres ! Il s'agit, malheureusement, d'un lieu commun de la polémique politique et la Troisième République, alors même qu'elle élaborait la très libérale loi de 1881, était simultanément secouée par des polémiques et des mises en cause à côté desquelles nos controverses contemporaines ont des allures de bluettes. Depuis le fond des siècles, tous les États ont été accusés des plus noirs agissements et aucune forme de gouvernement n'échappe à cette suspicion. Des dérives de feu le Service d'action civique au sabordage du *Rainbow Warrior* dans le port d'Auckland, en passant par l'affaire du bazooka et les disparitions de Ben

Barka, Robert Boulin, Joseph Fontanet, etc., les gouvernements de la Cinquième République ne peuvent s'exonérer de ce genre de procès. Tout au plus les personnalités mises en cause peuvent-elles exiger que leurs accusateurs soient loyaux et produisent des documents et des témoignages à l'appui de leurs assertions. Placé devant un dossier semblable, sur plainte de Michel Charasse et Gilles Ménage, lors de la publication d'un ouvrage du capitaine Paul Barril[5] récusant la thèse du suicide en ce qui concerne la mort de François de Grossouvre dans son bureau de l'Élysée, le juge des référés avait refusé la saisie et s'était borné à imposer un affichage dans les points de vente pour faire droit aux protestations de l'ancien ministre socialiste et de l'ancien directeur de cabinet de François Mitterrand. Le magistrat revenait ainsi à l'esprit de la loi de 1881 en accordant, dans l'attente d'un jugement de fond, un droit de réponse aux diffamés supposés. De même, bien qu'il ait été accusé sans fard d'avoir commandité des milliers d'assassinats, le général centrafricain Kolingba n'avait pu obtenir, en référé, la saisie de l'ouvrage en cause.

Dans son cas comme dans celui des deux âmes damnées de l'ancien président de la République, l'opinion n'avait pas trouvé matière à scandale. Dès lors, la justice, même à travers la procédure abusive du référé, n'a perçu aucun «trouble manifestement illicite» et a su raison garder, confirmant par là combien ses jugements sont conjoncturels et subjectifs.

Pour définir l'étrange processus qui a débouché sur la condamnation des éditions Flammarion, de Rougeot et Verne, et sur la disparition du mauvais livre, Mᵉ Isabelle Théry a pu parler de « chimère, tête de référé, corps de procédure civile, queue de procédure pénale ». Le jeu n'était pas anodin et ses conséquences n'ont pas tardé. Pensant la voie désormais dégagée, d'autres magistrats, à Toulon et à Brest, s'en sont donné à cœur joie. Qu'importe l'équité, il devenait enfin possible de faire taire ces empêcheurs de juger en rond qui pinaillent sur le respect des procédures, font la fine bouche face à des instructions bâclées ou, pis encore, débusquent la corruption sous les robes. Les victimes, cette fois-ci, se nommaient Claude Ardid et Jacques-Marie Bourget ainsi que les éditions Plon pour *Yann Piat : histoire secrète d'un assassinat*, et Antoine Gaudino et les éditions Albin Michel pour *La Mafia des tribunaux de commerce*. Dans les deux cas, les tribunaux se prononçaient sur des livres mettant en cause le fonctionnement de l'appareil judiciaire dans leur circonscription. Dans les deux cas, les magistrats, juges et parties, utilisaient l'expéditive procédure du référé. Dans les deux cas, avant tout débat de fond, ils prétendirent stopper la diffusion des ouvrages — donc, pour parler clair, les tuer — en imposant aux éditeurs la suppression des pages contestées sous peine d'exorbitantes astreintes financières : dix mille francs par exemplaire vendu pour Plon et, record à battre, cent mille francs par exemplaire pour Albin Michel ! Et, pour corser la sauce, les infractions étaient constatées par huissier dès le prononcé du jugement, avant même que les éditeurs aient eu le temps matériel de prévenir les diffuseurs et de faire récupérer les exemplaires chez les libraires. En quelques heures les éditions Plon se voyaient sommées de régler sept cent quatre-vingt mille francs et les éditions Albin Michel découvraient une addition crevant le plafond à cinq millions trois cent mille francs. De quoi provoquer la faillite d'une entreprise !

Le choc a eu un effet salutaire. Enfin éditeurs et médias osèrent se rebiffer. Le PDG d'Albin Michel, Francis Esménard, put rameuter ses pairs et, phénomène rare dans un milieu rongé par les jalousies, obtenir leur soutien unanime. Aussitôt, les gens de robe refluèrent. Les syndicats de magistrats désavouèrent leur collègue brestois. La seule voix, dans le monde judiciaire, à s'élever pour dénoncer « les ouvrages qui diffament » et à justifier la condamnation s'est fait entendre sur France 3. C'était, vous l'aviez deviné, celle de Mᵉ Kiejman.

Un instant alertée, l'opinion retourna vite à d'autres préoccupations : les joies du Mondial de football puis l'art du dopage dans le cyclisme professionnel. L'épisode était clos. Une bavure sans doute. Eh bien non, le double jugement simultané de Toulon et de Brest n'était pas un accident mais la conséquence logique d'une évolution juridique constante qui, depuis des années, conduit des magistrats, avec la complicité de nombreux avocats alléchés par la perspective de monstrueux dommages et intérêts, à contourner les garanties que la loi de 1881 apporte à la liberté d'expression donc à la démocratie. Seule la grossière maladresse du président du tribunal de grande instance de Brest a permis, un temps, d'enrayer la machine à broyer. Aurait-il seulement diminué son astreinte d'un zéro — ce qui ne changeait rien à la mort dès lors programmée du livre — qu'il est malheureusement probable que l'effet de semonce sur l'opinion n'aurait pas eu lieu.

La démocratie a gagné une bataille, ou plutôt évité une nouvelle défaite, mais il serait erroné de croire que la guerre est finie. Bien sûr, la cour d'appel de Rennes s'est empressée d'annuler la décision du magistrat brestois en des termes au demeurant fort sévères pour leur collègue. L'ouvrage d'Antoine Gaudino n'en demeure pas moins sous le coup d'une vingtaine de poursuites au fond qui cumulent les demandes de dommages et intérêts à plus de deux cents millions de francs, soit vingt milliards de centimes !

Ce n'est pas de même nature, rétorqueront les gardiens du mensonge, en faisant valoir qu'il est naturel que des citoyens mis en cause réclament réparation. Comme l'écrivait l'éditorialiste du

Figaro, Alain-Gérard Slama : « Il se trouve que l'occasion nous était donnée récemment d'être informé de la situation d'un des administrateurs judiciaires montrés du doigt dans ce livre, M⁰ Jean-Pierre Adam, mandataire de justice à Nanterre, qui, mis en cause sur la base d'une dénonciation, est aujourd'hui ruiné et crie son innocence[6]. » Il omettait simplement de préciser que l'honorable personnalité si « inconsidérément » salie par un « auteur à scandales » a été condamnée, en première instance puis en appel, pour escroquerie et que ce sont les faits à l'origine de ces jugements qui sont rapportés dans *La Mafia des tribunaux de commerce*. Si l'honneur perdu de M⁰ Adam navre *Le Figaro* et attriste les dîners en ville de Slama, qu'il s'adresse à l'intéressé plutôt qu'à Antoine Gaudino et qu'il évite d'égarer ses lecteurs par des trucages aussi subalternes.

Non, le harcèlement judiciaire dont est victime *La Mafia des tribunaux de commerce* n'est ni neutre ni tolérable. Il relève de la stratégie d'un lobby et non de la démarche de citoyens qui défendent leurs droits. Un « parrain » convoque des réunions pour organiser la riposte et détruire coûte que coûte un ouvrage qui menace l'institution. Par voie de presse, il appelle les siens « aux postes de combat ». Qu'importe que les procédures, mal fondées, échouent, l'objectif est d'épuiser l'adversaire, de le contraindre à plaider un jour à Boulogne-sur-Mer, le lendemain à Mont-de-Marsan et le surlendemain à Lorient, de le noyer sous les frais de procédure, bref de l'écœurer. Et lorsque, dans le camp des tribunaux de commerce, certaines volontés vacillent, s'interrogent sur le bien-fondé d'une telle démarche, le «parrain» empoigne son téléphone, regonfle les énergies, adjure ses pairs de redoubler d'efforts. «Albin Michel est au bout du rouleau, il ne faut pas nous relâcher», susurre-t-il au risque d'agacer les magistrats consulaires les plus honnêtes. Justice? vous avez dit justice? Non, manœuvres d'intimidation destinées à protéger lucre, prébendes et trafics d'influences de certains magistrats consulaires, administrateurs ou autres mandataires de justice. Car la combine ne peut durer que si elle bénéficie du silence et de l'obscurité. L'ouvrage d'Antoine Gaudino est donc légitime et nécessaire, d'autant qu'il a précédé les enquêtes et rapports officiels. Le livre offre l'avantage, par opposition au caractère éphémère de la presse, de la permanence, d'une synthèse complète, d'investigations plus approfondies. Voilà pourquoi il dérange tant. Ne nous leurrons pas, quoi qu'il arrive, la méthode utilisée contre Gaudino aura été efficace. Quel autre éditeur va oser demain prolonger ou compléter son travail? Instruit par l'expérience de ces procès à répétition, qui va prendre le risque de financer des enquêtes qui pourtant s'imposent tant sont vaste ce champ de corruption et divers les dossiers qu'il serait significatif de remettre à plat?

Peut-on compter sur la justice officielle pour

remplir cet office? Il faudrait être naïf. Il y a si longtemps déjà qu'elle ferme les yeux. On pourrait presque compter en siècles et, à coup sûr, en décennies. «Vous voyez bien que la situation évolue», s'empressent de claironner les bonnes âmes toujours prêtes à excuser les tares les plus apparentes du système. Pourtant, même des institutions aussi prudentes que l'Inspection des finances et les services de contrôle du ministère de la Justice ont dû admettre, en termes choisis, que la chancellerie se montre impuissante à résister au lobby des tribunaux de commerce et à sa défense d'intérêts corporatistes. Une conclusion déjà énoncée de manière claire dans le rapport de la commission d'enquête parlementaire consacré aux mandataires de justice et aux magistrats consulaires.

Il faut donc bien que le citoyen conserve d'autres sources d'information et impose de l'extérieur les régulations que l'État se révèle incapable d'assurer. D'autant que la corruption au sein des tribunaux de commerce est en train de provoquer une crispation partisane qui n'est pas sans rappeler celle que fit naître la révélation des dérives d'Urba. Les socialistes, qui gouvernaient, s'étaient acharnés à enterrer le dossier par tous les moyens, tandis qu'à l'inverse, l'opposition de droite — à quelques notables exceptions près parmi les trésoriers de ses formations! — affectait de s'indigner au nom de la morale républicaine. Soucieux d'en finir avec ces mœurs délétères, les Français avaient très sévèrement sanctionné les socialistes, pour le plus grand profit électoral de la droite. Avec les tribunaux de commerce, le même jeu se déroule mais à fronts renversés. Hier héros de la droite, Antoine Gaudino devient celui de la gauche. La droite fait bloc derrière l'institution consulaire. Le maire de Valenciennes, Jean-Louis Borloo, avocat naguère spécialisé dans les liquidations d'entreprises et qui enseigna à Bernard Tapie l'art et la manière de s'enrichir grâce au partage des dépouilles, monte aux avant-postes pour défendre une juridiction à laquelle il doit sa fortune. Cette solidarité de clan fait peu de cas de l'agacement exprimé par tous ces commerçants, artisans et chefs d'entreprise qui ne supportent plus d'être livrés sans la moindre garantie à des juridictions opaques. Elle conduit la droite à reproduire l'erreur passée de la gauche en se montrant solidaire d'un milieu moralement discrédité. En entravant l'indispensable réforme des tribunaux de commerce, elle commet une faute dont les conséquences, pour elle, pourraient être aussi graves que celles dont pâtirent les socialistes avec leur calamiteuse tentative d'amnistie de la corruption politique.

Le prétoire contre l'Histoire

Roland n'était pas le neveu de Charlemagne et il a été tué par des Basques christianisés et non par des Maures. Dès l'aube, la légende a pris le pas sur notre histoire. De Vercingétorix à Jeanne d'Arc, du bon roi Henri et sa poule au pot à Napoléon pinçant l'oreille de ses grognards, nous avons été gavés de ces récits épiques qui fondent le sentiment national. Nos manuels scolaires s'en ressentent toujours, même si les excès les plus criants ont été gommés. Les institutions veillent sur la permanence de cette réécriture qui, pour partie, légitime leur existence. J'ai déjà raconté qu'à Matignon, dans le salon d'attente des Premiers ministres, un joli volume relié est à la disposition des visiteurs. Il contient les portraits de tous les chefs de gouvernement depuis les origines de la République. Un esprit curieux remarquera pourtant qu'entre janvier 1931 et janvier 1932, puis de juin 1935 à janvier 1936 la France n'a pas été gouvernée. Pierre Laval a disparu.

Passe que seule l'image du général de Gaulle couvre la période 1940-1945, mais quel aveuglement partisan, quelle lâcheté sociale peuvent justifier, plus d'un demi-siècle après l'Occupation, que le politicien déchu demeure gommé d'un recueil où nul ne peut contester sa place ?

Cette Histoire officielle, retouchée, manipulée, politisée, s'impose par la propagande comme par la répression. Les moyens de l'État sont mobilisés pour promouvoir la légende et interdire, autant que faire se peut, sa contestation. Les hommes politiques sont les premiers à entretenir ce pernicieux penchant et à véhiculer des récits conformistes en signant des biographies dont chacun est en droit de se demander combien de temps ils leur ont consacré. Nicolas Sarkozy avec Georges Mandel, Jack Lang avec François Iᵉʳ, Philippe Séguin avec Napoléon III, François Bayrou avec Henri IV et, paraît-il, François Léotard demain avec Benjamin Constant et Alain Juppé avec Montesquieu, se sont offert le ridicule de taquiner la littérature et de jouer aux historiens patentés. Jusqu'où peut pousser le culte des apparences ! À en croire les listes d'ouvrages que nos élus confient aux gazettes au moment des départs en vacances, leur curiosité semble éternellement bloquée sur les mêmes classiques, voire parfois quelques contemporains solidement installés. Il y a donc peu de chance qu'ils se montrent novateurs quand eux-mêmes prennent la plume pour signer un ouvrage.

On comprend, dans ces conditions, qu'Alain Juppé ait tenu à présider personnellement, en février 1997, le lancement du film de Claude Berri intitulé avec une rare sobriété *Lucie Aubrac*. Sa présence était doublement justifiée. Cofinancée par le ministère de l'Éducation nationale, assurée d'un public scolaire mobilisé par les inspecteurs d'académie, cette œuvre doit beaucoup aux contribuables. Elle offrait, en outre, au Premier ministre, l'occasion de réactiver la vieille alliance entre gaullistes et communistes nouée — non sans mal — durant la Résistance et surtout scellée par la manière de raconter cette période depuis la Libération. De Gaulle ne faisait pas mystère de cette réécriture. Lorsque, à la fin des années 60, s'était posé le problème d'une diffusion par la télévision publique du film de Marcel Ophuls *Le Chagrin et la Pitié*, le Général avait refusé cette révision du mythe résistantialiste en s'exclamant : « Des vérités ! Vous croyez que j'aurais fait contre les Anglais et les Américains un gouvernement provisoire avec des vérités ? On fait l'Histoire avec une ambition, pas avec des vérités. De toute manière, je veux donner aux Français des rêves qui les élèvent, plus que des vérités qui les abaissent. » Avec son lointain disciple Alain Juppé, à l'ambition et aux rêves gaulliens sont substitués une popote médiatique et les dividendes financiers des fables. Au souffle de l'épopée a succédé le tintement du tiroir-caisse. Seule la vérité continue d'être absente.

Pour assurer le succès du film, le maximum a donc été fait. La distribution d'abord avec Carole Bouquet et Daniel Auteuil pour incarner le glorieux couple de résistants Lucie et Raymond Aubrac. La mobilisation des modèles ensuite. Tandis que son mari était l'invité de « La Marche du siècle », Lucie répondait aux fort déférentes questions d'Anne Sinclair à « 7 sur 7 », mais aussi à celles, non moins complaisantes, de l'épouse du Premier ministre pour *Paris-Match*. Le ridicule ne connaissant pas de frontières, le film fut présenté par les deux héros en chair et en os... à Berlin.

L'attachement du chef du gouvernement et des hautes autorités de la République à la Résistance était tellement profond que, durant cette période, trois importantes personnalités sont mortes dans l'oubli et l'indifférence générale : Albert Gazier, ancien ministre, membre de l'organisation clandestine CGT et de Libération-Nord ; Pierre Chasse, responsable du maquis de l'Ain et du haut Jura ; Jean-Pierre Lévy, fondateur de *Franc-Tireur*. Leur erreur aura été de ne pas être médiatiques. De nos jours, l'héroïsme n'a de valeur que lorsqu'il est porté en sautoir à la télévision.

Pendant toute la promotion du film, jamais Lucie Aubrac n'a jugé nécessaire de prendre la moindre distance avec l'œuvre de Claude Berri, directement inspirée il est vrai des Mémoires qu'elle a publiés sous le titre *Ils partiront dans l'ivresse*[1]. Soudain, deux mois plus tard, la résistante accuse le réalisateur d'avoir tout mélangé : «Il n'y a rien de vrai, à l'exception de l'épisode du train et de celui de la plage de Carqueiranne[2].» Que diable s'était-il donc passé? Où se situe l'imposture?

Un historien, Gérard Chauvy, avait publié une étude serrée sur les événements de Lyon en 1943 : Raymond Aubrac, arrêté deux fois — la première par la police française en mars 1943 avec interrogatoire par les Allemands, la seconde par la Gestapo en juin 1943 à Caluire en compagnie de Jean Moulin —, fut libéré deux fois grâce aux stratagèmes de son épouse. Et le doute sur l'authenticité des faits rapportés par le couple était né. Au cœur du film brutalement désavoué par Lucie Aubrac se situe l'épisode de la demande en mariage. Se faisant passer pour une jeune fille de bonne famille, Guillaine de Barbentane, enceinte des œuvres du détenu Raymond Aubrac incarcéré sous l'identité de François Vallet, Lucie est venue demander réparation dans les locaux où règne Klaus Barbie. Le récit est directement tiré de *Ils partiront dans l'ivresse*, point par point. Dans la foulée de son désaveu du film de Claude Berri, Lucie Aubrac profite de l'interview pour revenir sur ces événements. Au détour d'une phrase, Guillaine de Barbentane, dont on nous ressasse les exploits depuis des décennies, se métamorphose et devient Yvonne. L'interlocuteur de Lucie ne bronche pas, ni durant l'entretien ni après sa publication. S'il s'agissait d'un jeune journaliste, le péché serait véniel, mais le faire-valoir n'est autre qu'Henri Amouroux, membre de l'Institut, qui se pose en spécialiste de l'Occupation. Les lecteurs du *Figaro Magazine* ne sont donc pas alertés sur ce curieux changement d'identité.

Il ne s'agit pas du premier. À la Libération, Lucie Aubrac ne parlait pas d'une demoiselle de Barbentane. Confrontée, en 1948, à l'aspirant de la Gestapo qui l'avait reçue à Lyon, elle déclarait, sur procès-verbal, s'être présentée à lui sous le nom de Lucie Montet. «C'est hallucinant, s'insurge aujourd'hui Lucie Aubrac, Chauvy se demande pourquoi, j'avais une double identité : Barbentane puis Montet.» La réponse s'arrête là. La question demeure donc posée. Comment, en effet, pouvait-on, à l'époque, pour obtenir un acte d'état civil, se prévaloir d'identités multiples auprès des mêmes interlocuteurs allemands? Faisons crédit à Lucie Aubrac, elle trouvera un jour une explication, et tenons-nous-en à la version dominante, celle de Mlle de Barbentane. Une des règles de base dans la fabrication des faux papiers consiste à n'utiliser que des patronymes réels dont l'existence peut être contrôlée par les autorités. Le faussaire gagne au moins du temps. Venue se fourrer d'elle-même dans la gueule du loup, qui plus est pour faire établir un contrat de mariage, Lucie ne peut ignorer cette consigne élémentaire. Hélas, elle ne s'en est souvenue qu'en... avril 1997.

Pour le malheur de Lucie, Guillaine de Barbentane n'a jamais existé. La personnalité susceptible de correspondre à la fable qu'elle dit avoir vendue aux Allemands se prénomme effectivement Yvonne. Erreur de détail, hypercriticisme — à la manière du négationniste Faurisson, ajouterait fielleusement Raymond Aubrac —, qui ne s'est jamais trompé lance la première pierre. C'est d'accord, Lucie Aubrac est pardonnée. D'autant qu'elle apporte des éléments solides en expliquant qu'elle a effectué sa première communion avec Yvonne et que les deux gamines, se souvient-elle, avaient la même taille.

Une fois de plus, Lucie parle trop. Contrainte par les recherches de Gérard Chauvy de réviser son récit, elle en rajoute. Elle est née en 1912 mais Yvonne de Barbentane seulement en 1920. Comment ont-elles pu effectuer leur première communion ensemble? Ou Yvonne a communié à trois ans ou Lucie est montée à l'autel alors qu'elle militait déjà au sein des Jeunesses communistes. Surtout, comment deux enfants ayant une différence d'âge de huit ans peuvent-elles avoir la même taille? Pour trancher, l'historien, amateur ou non, peut-il se plonger dans des archives à la recherche des documents qui mettraient un terme au débat? Hélas non. Lucie Aubrac est muette sur l'année et la paroisse où elle aurait célébré sa communion. Elle a oublié le nom et l'adresse du notaire qui aurait dressé le contrat de mariage unissant François Vallet à Guillaine ou Yvonne de Barbentane. Défaillances regrettables certes, surtout de la part d'un professeur agrégé d'histoire, mais à cet âge et après une vie aussi tumultueuse, comment ne pas faire montre d'indulgence?

Il est, en revanche, plus difficile de comprendre pourquoi Lucie Aubrac, lorsqu'elle prétend détenir un élément qui balaierait le doute, refuse d'en faire état? Il s'agit cette fois de la pression qu'elle aurait exercée sur le procureur, lors de la première arrestation de son époux, pour obtenir sa libération. Elle se serait présentée en envoyée de la Résistance et aurait, pour justifier de cette qualité, donné un message codé qui allait être diffusé le soir même par la BBC : «Continuez de gravir les pentes.» Cet autre morceau de bravoure n'a pas été mis à mal par Gérard Chauvy mais par un camarade de Résistance des Aubrac, Daniel Cordier, ancien secrétaire de Jean Moulin, lors d'un débat avec des historiens réclamé par les Aubrac. Plongé dans la rédaction d'une série d'ouvrages sur cette épopée, il lui est venu la funeste idée de vérifier aux archives de la BBC. Décidément bien malchanceuse, Lucie s'est à nouveau trompée. Le message n'existe pas, il n'a jamais été diffusé. Fâcheux en effet. Aussi, lors du procès en diffamation intenté par le couple Aubrac à l'historien Gérard Chauvy, le président de la dix-septième chambre sollicite-t-il avec respect son illustre plaignante. La réponse vaut son pesant d'agrégation d'histoire.

Lucie Aubrac : Le message n'est pas, en effet, le vrai message. Depuis, on m'a dit quel était le message mais je ne le vous dirai pas. [...] Ce sont les services britanniques qui m'ont donné récemment le message, quand ils ont su tous mes problèmes autour de cette affaire.

Le président Jean-Yves Monfort : Vous ne voulez pas me dire le véritable message ?

Lucie Aubrac : Non... Je le dirai peut-être plus tard.

Devant le même tribunal Lucie a su pourtant, quand elle le voulait, retrouver des détails concrets pour illustrer sa thèse. Accusée par Klaus Barbie d'avoir livré Jean Moulin, elle se récrie à bon droit. Aussi lorsque, dans le mémoire de défense rédigé pour le compte du chef du Sipo-SD de Lyon — le fameux «testament Barbie» —, M⁽ᵉ⁾ Vergès se hasarde à faire dire à son client que Lucie lui aurait téléphoné pour dénoncer la réunion de Caluire, elle proteste contre cette calomnie. Elle rejoint ainsi la position de Gérard Chauvy qui, au terme d'un raisonnement sur le fond, estime non crédible une telle hypothèse. Lucie Aubrac préfère se défendre de manière plus concrète. Elle utilise un argument impressionnant : une telle démarche aurait été tout simplement impossible car, l'automatique n'existant pas à l'époque, elle aurait dû transiter par les standardistes et prendre ainsi un risque irresponsable. Son avocat, Mᵉ Kiejman, est impressionné et reprend l'argument dans ses interrogatoires de témoins. Patatras! en 1943 l'automatique existait à Lyon. Il était en exploitation depuis une dizaine d'années! Lucie Aubrac, pour dire le vrai, a préféré mentir. Étrange comportement.

Plutôt que de s'intéresser à ces contradictions qui ont, en commun, de jeter le soupçon sur la nature des relations que Lucie Aubrac a été amenée à lier avec l'appareil répressif français et allemand durant l'Occupation, la controverse s'est focalisée, à l'initiative du couple de résistants, sur l'une des annexes du livre, le « testament Barbie », pour la première fois rendu public. Le fatras des témoignages accumulés par les Aubrac depuis la Libération a offert au rédacteur de ce texte, Mᵉ Jacques Vergès, une matière inespérée. Il y a puisé sans vergogne, exploitant des contradictions criantes pour y couler la version du chef de la Gestapo lyonnaise. On peut penser ce que l'on veut de ce document, il n'en appartient pas moins, désormais, aux archives de la justice et ne saurait être ignoré par quiconque s'intéresse à l'énigme de Caluire. Or, pendant dix ans, le « testament Barbie » a joué l'Arlésienne du dossier. Chacun en parlait — à commencer par les Aubrac, pour le récuser sans jamais le produire —, la rumeur suintait mais nul ne se hasardait à le publier sachant que les tribunaux veillent.

Car l'histoire contemporaine se pratique, en France, sous étroite tutelle. Il est non seulement prohibé d'utiliser des éléments relevant de la vie privée mais l'accès aux archives exige d'actives protections [3]. La course d'obstacles est à ce point sévère que la plupart des historiens de métier répugnent à s'y aventurer. Ils abandonnent le terrain aux « amateurs » — politologues, journalistes et autres « érudits locaux », pour reprendre la formule par laquelle Stéphane Courtois, directeur de recherche au CNRS, a qualifié Chauvy — quitte à venir ensuite leur faire la leçon. Les experts commis dans le cadre de l'instruction du procès Papon ont noté le désordre qui règne dans les fonds français par comparaison avec les documents allemands. Rien n'est fait pour remédier sérieusement à cette situation car la pagaille est dissuasive. En outre, les références demeurent dispersées, compliquant à plaisir la quête des chercheurs. Les administrations sensibles — la police, par exemple — ont obtenu de garder la maîtrise de leur passé. À présent, le chef de l'État décide de confier au Centre de documentation juive contemporaine les fichiers des juifs établis par Vichy, nouvelle concession au morcellement communautaire de la société française au détriment d'une citoyenneté qui rassemble. Pour un même sujet, il convient donc d'obtenir des autorisations multiples sans être jamais sûr d'avoir effectué le tour complet des documents disponibles. Seconde dissuasion. Des délais de confidentialité nettement plus élevés que dans la plupart des démocraties et la notion d'autorisations dérogatoires permettent enfin aux gardiens de la mémoire de sélectionner les auteurs et donc de canaliser le discours toléré. Troisième dissuasion. Seuls sont habilités à parler ceux qui s'expriment dans le sens souhaité par les détenteurs des archives. L'histoire contemporaine s'écrit clairement sous influence.

Comme si cette sélection préalable ne suffisait pas, la justice veille à ce que soient respectées les valeurs du moment. Surtout lorsque, comme pour les dirigeants de la Résistance, il s'agit de «dépositaires de l'autorité publique». Ce que le président de la dix-septième chambre du tribunal de grande instance de Paris appelle ingénument la «responsabilité sociale de l'historien» dans l'arrêt de condamnation de Gérard Chauvy pour son ouvrage *Aubrac, Lyon 1943*. Étrange concept qu'il faudra tenter d'élucider.

Confrontés au travail de Chauvy, les Aubrac en ont appelé, comme Maurice Papon naguère, à une sorte de jury d'honneur. En l'occurrence, il s'agit d'une table ronde[4] d'historiens sélectionnés par le couple de résistants parmi leurs amis communistes ou des spécialistes dont ils croyaient n'avoir rien à redouter. Hélas, la mise en scène tourna à la confusion de ses instigateurs. Même après les explications de Lucie et de Raymond, les historiens requis se sont vus contraints de constater la persistance de «zones d'ombre» dans les propos du couple. Daniel Cordier adjura même son ancien camarade de combat, Raymond : «Je sais que tu ne dissimules pas une trahison, mais je m'interroge sur ce que tu cherches à masquer d'autre. Car il me semble que derrière cette dérive, il y a quelque chose d'inavouable. J'en suis triste et c'est pour cela que je reviens à la charge : que dissimules-tu?» Gérard Chauvy ne se pose pas d'autre question. «Si mise à mort il y a eu, commente Henry Rousso, directeur du très officiel Institut d'histoire du temps présent, c'est plutôt celle d'une certaine conception de la mémoire de la Résistance, qui préfère la légende à la vérité, l'histoire sainte à l'histoire critique[5].» On croirait lire du Chauvy.

Ayant perdu pied face aux historiens, les Aubrac se sont rangés à l'avis autorisé de leur conseil, l'incontournable Georges Kiejman. Il saurait leur obtenir devant les tribunaux ce que des spécialistes bienveillants leur avaient refusé. L'ancien ministre délégué à la Justice ne professe pas les fausses naïvetés de Me Badinter sur le sort funeste que les procédures réserveraient aux puissants. Il sait l'attachement des gens de robe aux valeurs établies et leur vigilante orthodoxie dès que l'on aborde la délicate période de l'Occupation. Si besoin est, il les aidera à se décider par un de ces coups de bluff à l'audience dont il s'est fait une spécialité. Effectivement, au cœur des débats l'avocat des Aubrac dépose soudain, dans un grand envol de manches, un carton d'archives de cinquante centimètres d'épaisseur. Il en profite pour tonner contre le manque de recherches effectuées par Chauvy. Bien entendu, ni le tribunal ni la défense ne sont à même de juger des pièces soudain exhumées alors qu'elles n'étaient pas cataloguées dans la série où elles auraient dû être répertoriées et devenaient donc inaccessibles à un chercheur normal. En outre, certains documents ne sont sortis des archives militaires du Blanc que grâce à l'entregent de l'ancien membre du gouvernement. L'accès à ces mêmes archives militaires avait, en effet, été refusé à Chauvy par Paul Quilès, en 1985 et 1986, en dépit d'une lettre de recommandation de Charles Hernu, prédécesseur de Quilès dans la fonction de ministre de la Défense. Encore un exemple de l'utilisation biaisée qui est faite des dérogations pour consulter des dossiers contrôlés par les administrations.

Après plusieurs semaines de dépouillement, les pseudo-nouveautés apparaîtront pour ce qu'elles sont : des pièces déjà synthétisées par le procureur Ducasse en 1943 dans des rapports que Chauvy a utilisés. Le but est néanmoins atteint. Dans l'arrêt de la dix-septième chambre qui condamne lourdement l'ouvrage de Gérard Chauvy, figure au nombre des reproches une « insuffisance manifeste de la documentation ». Les professionnels étaient d'un avis diamétralement opposé et ont tous rendu hommage au travail de chartiste mené par Gérard Chauvy. Daniel Cordier : « Chauvy s'appuie sur des documents inédits — qu'il publie — et son travail repose sur des sources solides. C'est un remarquable travail de chercheur, mais il n'est pas exempt de toute critique du point de vue de l'historien[6]. »

Jean-Pierre Azéma, professeur à l'Institut d'études politiques de Paris : « En tant que travail historique, l'ouvrage de Gérard Chauvy apporte-t-il du nouveau ? Il serait contestable de prétendre l'inverse : sa seconde partie — qui fait près de cent soixante-quinze pages — présente une série de documents rarement ou jamais publiés jusqu'alors, dont certains avaient, il est vrai, été collationnés par le juge lyonnais Jacques Hamy, chargé, en 1987, de la seconde instruction ouverte contre Barbie, mais dont d'autres proviennent bien de sources totalement inédites. À cet égard, il est difficile de ne pas reconnaître à Gérard Chauvy la qualité de pisteur tenace et minutieux. Cela dit, son ouvrage échappe-t-il à toute critique méthodologique ? Non. Sa démarche, en effet, est à la fois hypercriticiste (il dresse un catalogue systématique des écarts dans les déclarations diverses des époux Aubrac) et très rarement conclusive : l'ensemble finit par prendre les allures d'un travail de sape qui pose un certain nombre de questions sans apporter de véritables éléments de réponse*. Peut-être par modestie, peut-être, plus vraisemblablement, par peur de devoir affronter un procès en diffamation, enfin probablement aussi par incapacité à fournir sur un dossier rebattu des preuves décisives[7]. »

Il faut croire que l'excès de prudence relevé par Azéma n'est pas apparu aux magistrats de la dix-septième chambre qui ont, au contraire, estimé que Chauvy n'avait pas fait montre d'assez de retenue. Leur compétence semblant sans limites, les juges ajoutent que l'auteur aurait « manqué aux règles de la méthode historique ». Insensibles au principe de Peter, les magistrats franchissent allégrement leur seuil de compétence en s'engageant sur un terrain qui ne relève ni de leur saisine ni de leur domaine. Le « regard soupçonneux » porté sur les faits et gestes du couple Aubrac trahirait, selon eux, une attitude « dépourvue d'objectivité et peu conforme à la méthode critique qui s'impose à l'historien ». Était donc de bonne méthode l'usage jusqu'alors généralisé consistant à reproduire sans les vérifier les élucubrations de Lucie et Raymond ?

Olivier Wieviorka, maître de conférences à l'École normale supérieure de Saint-Cloud, estime, à l'inverse : « N'attribuons pas au livre de Gérard Chauvy l'importance démesurée que cer-

----

* Ce qui n'a pas empêché ces mêmes historiens de reprendre à leur compte les questions soulevées par Gérard Chauvy lors de la table ronde de *Libération*!

tains médias semblent lui accorder. En effet, il apporte peu d'éclairage, au fond, sur la Résistance française — son fonctionnement, ses valeurs, son programme. En revanche, en pointant les innombrables contradictions des Aubrac, il invite à s'interroger sur la naissance d'une légende. Car la volonté de se poser en mythe a bel et bien croisé l'assentiment crédule d'une masse. Pourquoi ? Gérard Chauvy n'apporte pas de réponse essentielle. Mais les éléments qu'il livre et le débat qu'il a lancé aideront, sans doute, à explorer ce pan secret de nos mentalités collectives [8]. » Olivier Wieviorka avait tort sur ce dernier point. Le débat étant interdit et la justice ayant, en première instance, cautionné les mensonges des Aubrac, nous pourrons continuer de ronronner tranquilles sans que nul s'avise de percer le fonctionnement de nos mentalités collectives.

Méthode historique pour méthode historique, il n'est pas illogique de penser que celle de Chauvy a plus de valeur que celle dont use la dix-septième chambre. Le guet-apens de Caluire a déjà été examiné, en 1947 et 1950, par une cour de justice et un tribunal militaire. Ils avaient à se prononcer sur le cas de René Hardy, violemment dénoncé comme «le» traître par le couple Aubrac. Les deux fois, Hardy a été acquitté. Ces verdicts sont, certes, contraires à l'avis de la plupart des historiens, mais on aurait pu penser que, dans leurs décisions, les magistrats respecteraient l'autorité de la chose jugée. Trop soucieuse de laver coûte que coûte l'honneur des Aubrac, la dix-septième chambre ne s'est embarrassée ni de ce point de droit ni de ce problème de méthode. Elle a décidé que Hardy est coupable. Et lui seul. Circulez, il n'y a plus rien à voir.

Autre bizarrerie de méthode : le président de la dix-septième chambre demande à Raymond Aubrac si, après son arrestation par Klaus Barbie à Caluire, il a été identifié. La réplique est nette : « J'ai été identifié comme Aubrac, je ne l'ai jamais caché. » Historien peu vigilant, le magistrat passe au point suivant. Or cette réponse aurait mérité d'être approfondie car, toujours, et en particulier dans ses Mémoires, l'ancien résistant disait l'inverse. Ce brutal changement de position, assimilable à l'épisode Guillaine-Yvonne de Barbentane chez Lucie, semble être passé totalement inaperçu de la dix-septième chambre. Comme quoi il n'est pas si simple de prétendre faire œuvre d'historien et les magistrats qui s'y risquent sont bien présomptueux. En effet, si l'identité d'Aubrac est connue des Allemands, cela signifie que ses responsabilités dans la Résistance sont également percées à jour. Ce n'est pas anecdotique.

Cette absence de curiosité chez des magistrats qui condamnent pourtant un historien en lui reprochant un « délaissement des témoignages des acteurs des événements » se retrouve lors de l'interrogatoire de Ravanel, compagnon d'arrestation d'Aubrac et fidèle caution des récits du couple de résistants. Interrogé par Mᵉ Kiejman, Ravanel prétend n'avoir pas été identifié lors de cette arrestation alors que les procès-verbaux de l'époque prouvent l'inverse. Il ajoute : « On a considéré que j'étais un petit agent de liaison. J'avais sur moi des cartes Michelin sur lesquelles étaient notifiés les lieux de parachutage, j'ai donc joué le jeu de parler, j'ai joué le jeu de raconter des histoires. »

Face à des propos aussi stupéfiants, le président de la dix-septième chambre cherche-t-il à en savoir davantage, à faire dire à Ravanel quelles histoires il a racontées ? Pas du tout : il entre en complicité avec le témoin en ponctuant le propos d'un ironique : « Que vous faisiez du tourisme par exemple ? » On en restera là, en dépit des pièces du dossier qui établissent que les autorités l'avaient arrêté sous sa véritable identité, qu'il était juif et que, le jour même du premier interrogatoire du résistant, le procureur Ducasse rédigeait une note rappelant sa fraîche condamnation, le 12 mars 1943, par le tribunal correctionnel de Lyon, à un an d'emprisonnement par défaut pour « menées antinationales ».

On peut également douter des qualités d'historien des magistrats de la dix-septième chambre quand on constate que, polarisés sur le « testament Barbie », ils négligent la plupart des autres documents utilisés par Gérard Chauvy. Le dossier d'instruction lors des arrestations de mars 1943 montre sans conteste que la complaisante version du marché noir de sucre qui aurait servi de façade aux résistants arrêtés n'a pas fait illusion une seconde devant les magistrats de Vichy. On se demande comment Aubrac, Ravanel et consorts peuvent encore s'en prévaloir aujourd'hui alors qu'en 1943, le juge Cohendy, en charge du dossier, dit de but en blanc à Raymond Aubrac : « Lorsque vous avez été appréhendé, vous vous rendiez certainement à une réunion du mouvement Libération, cela est tellement vrai qu'on y a arrêté d'autres personnes telles que Fouquet [il s'agit de Kriegel-Valrimont] et le nommé Asher [véritable identité de Ravanel]. Nous ne pensons pas que ces derniers aillent à cette réunion pour acheter un kilo de sucre. Nous savons d'autre part que Fouquet devait y recevoir une fausse carte d'identité établie par le mouvement Libération. »

Il faut que les thuriféraires des Aubrac aient l'estomac bien accroché pour oser, en dépit de pièces aussi explicites, se cramponner à la thèse d'un juge qui aurait été dupé par une histoire de marché noir. C'est pourtant ce qu'ils font et, beaucoup plus grave, ce que cautionne la dix-septième chambre. Dans leur jugement, les magistrats n'hésitent pas à écrire qu'« aucune accusation d'appartenance à un mouvement de Résistance n'a été portée contre Aubrac par quiconque ». Grâce à leur relecture des documents d'archives, les juges peuvent parler, dans une seule et même phrase de l'arrêt condamnant

Chauvy, de l'«insignifiance des charges recueillies» en 1943 contre Aubrac et de la «relative gravité des chefs d'inculpation notifiés». Ce n'est plus du droit ni de l'histoire, c'est de la haute voltige! Voici comment la justice française se débarrasse d'un objet de scandale. Mais où est le scandale? Dans la promotion d'une histoire officielle outrageusement maquillée ou dans sa dénonciation? Pour les magistrats, la réponse est claire : seule la parole estampillée par les pouvoirs politiques a droit de cité. Quel message à destination des négationnistes de tous poils! Ils trouvent dans de tels arrêts la confirmation de leurs thèses. Quant à l'opinion, qui sent confusément qu'on lui ment, elle devient plus réceptive aux ratiocinations de ces groupes. En pensant traquer la «bête immonde», les magistrats font son lit.

Stéphane Courtois, en réponse à une question sur ce qui était «scandaleux» dans l'ouvrage de Chauvy, s'exclame : «Absolument rien. Gérard Chauvy n'est pas universitaire, mais il a fait un vrai travail d'historien sur la guerre secrète qui a opposé à Lyon, en 1943, la police française et allemande aux mouvements de Résistance. C'est une mise à plat de l'ensemble des documents et des témoignages disponibles sur cette période[9].» Et à propos de la publication, en annexe de l'ouvrage, du «testament Barbie», Stéphane Courtois ajoute : «Comment peut-on s'interdire de lire ce document! En tant qu'historien, je trouve

ça aberrant. Je vais prendre un exemple : j'ai
publié il y a quelques années un livre sur la
fameuse affaire Manouchian* où j'ai utilisé plusieurs documents essentiels émanant des policiers
qui avaient envoyé ces mêmes résistants au pelo-
ton d'exécution. Écarter d'emblée un document,
même rédigé par un policier nazi, je ne trouve
pas ça très sérieux!»

Les méthodes historiques de ce directeur de
recherche au CNRS ne sont donc pas les mêmes
que celles de la dix-septième chambre du tribunal de grande instance de Paris. À cela, les magistrats répondent sans barguigner : « La mission du
juge lui impose de ne pas abdiquer au profit du
savant (ou de celui qui se prétend tel). »

Si le « testament » n'avait pas figuré au nombre
des annexes de l'ouvrage de Gérard Chauvy, il y

---

* Le « groupe Manouchian », du nom d'un Arménien arrêté
en novembre 1943 et fusillé par les Allemands au mont Valé-
rien avec vingt-deux de ses camarades, appartenait aux réseaux
de Résistance de la main-d'œuvre immigrée (MOI). Un film du
réalisateur Mosco, retraçant ce combat et mettant en lumière
leur abandon par un Parti communiste soucieux de son ancrage
« national », avait été déprogrammé en 1985 par la seconde
chaîne de télévision, à la demande de la Haute Autorité de l'audiovisuel. Elle faisait droit aux protestations d'un PCF dirigé
par Georges Marchais (éminent résistant, comme chacun sait)
et de plusieurs personnalités communistes, au premier plan desquelles le couple Aubrac. L'interdiction était, comme de bien
entendu, justifiée par la défense des valeurs de la Résistance. À
l'époque, en première page du *Monde*, un grave article de
protestation contre cette censure avait été signé par... Georges
Kiejman.

a gros à parier que la justice n'aurait pas osé entrer en voie de condamnation. Seulement, face à pareille transgression, les institutions ne pouvaient demeurer passives. Pas au point toutefois que les juges interdisent le principe de la publication du mémoire de Me Vergès. Même à leurs yeux, un tel oukase est apparu excessif. Ils ont donc préféré s'appuyer sur le fait que le texte — et donc son commentaire — est attentatoire à l'honneur des Aubrac. La belle découverte, en vérité! Comment pourrait-il en être autrement puisque Klaus Barbie accuse ni plus ni moins Raymond et Lucie Aubrac de trahison? Il n'a d'ailleurs pas attendu le texte rédigé par son avocat pour proférer sa charge puisqu'il avait tenu des propos identiques un an plus tôt devant le juge d'instruction Hamy. Pour tardive qu'elle soit par rapport aux événements, l'accusation existe, et comment un historien peut-il s'en saisir sans la reproduire, comment peut-il l'analyser sans la citer?

Les magistrats se sont bien gardés de réduire cette contradiction. Ils n'interdisent pas la publication du «testament Barbie» mais condamnent quiconque s'y réfère, sauf si c'est pour le dénoncer. La conclusion est claire et nette : il y a le blanc et le noir, le bon et le méchant, le permis et l'interdit. Concrètement, il ne peut y avoir de débat autour du mémoire de Me Vergès pour deux raisons qui n'en constituent, en réalité, qu'une seule. La parole d'un officier nazi n'est pas recevable dès lors qu'elle porte atteinte à l'honneur de la Résistance. Les raisonnements de son avocat, même fondés sur des faits ou des documents, sont nécessairement spécieux et non dignes d'attention dès lors que leur auteur se vante d'intriguer en vue de déstabiliser l'ordre social. Ces deux discours ayant en commun d'être récusés par les normes actuelles, quiconque leur fait un sort, même critique, mérite d'être sanctionné à son tour. Et Gérard Chauvy, bien qu'il ne valide pas l'accusation de trahison, mérite d'être condamné puisqu'en affaiblissant la position morale des Aubrac il faisait, indirectement, le jeu de leurs accusateurs. Tel est le jugement rendu, en termes plus juridiques, par la dix-septième chambre. Voici donc ce que signifie l'étrange notion de « responsabilité sociale de l'historien ».

Il n'existe — fort heureusement — aucun ordre des historiens pour avaliser ou dénoncer pareils attendus. Pour autant, peut-on continuer à laisser la justice, forte de la jurisprudence Faurisson, s'arroger le pouvoir de définir, de proche en proche, la manière dont l'Histoire doit s'écrire ? À l'époque où les communistes tentaient, avec succès, d'imposer une répression pénale de la négation des crimes contre l'humanité, Me Kiejman lui-même avait confessé sa gêne : « L'histoire d'aujourd'hui, remarquait-il, peut être l'erreur de demain[10]. » Une sage remarque qui aurait dû le conduire à s'abstenir dans le dossier Aubrac plutôt qu'à aider, derrière la répression des délires négationnistes, à la mise en place subreptice d'un contrôle politique de l'histoire contemporaine. Lionel Jospin n'avait peut-être pas simplement dérapé devant l'Assemblée nationale en appliquant, sans ciller, le trop facile clivage gauche-droite, bien-mal, au trafic d'esclaves et à l'affaire Dreyfus. Et s'il avait dessiné notre futur ? Le truc si usé de la dichotomie gauche-droite, Georges Kiejman n'avait pas manqué d'en user lui aussi lorsqu'il était ministre. Pour excuser les turpitudes socialistes avec Urba, il avait accusé la droite à partir du dossier Cogedim. Hélas, aucun élu n'était inculpé dans ce dossier. Diffamez, diffamez...

La déontologie de ceux qui pratiquent les études historiques demeure une affaire personnelle. On l'a vu à l'occasion du procès de Maurice Papon devant les assises de la Gironde. Certains historiens ont accepté de livrer leur témoignage, d'autres ont refusé. Le directeur de l'Institut d'histoire du temps présent ne se rend pas dans les prétoires, par principe. Henry Rousso estime que la méthode judiciaire ne permet pas une juste appréciation historique. Chacun son tour. Pourquoi en effet ne porterait-il pas un jugement sur la procédure ? « Aucun des procès français pour crimes contre l'humanité, écrit-il, n'a contribué à faire avancer la connaissance *scientifique* [11] de la période, au contraire des procès allemands, ou même du procès Eich-

mann, à Jérusalem, en 1961 [12]. » La manière dont
ont été orchestrés, ces dernières années, les procès Barbie, Touvier ou Papon, le spectacle offert
sur les parvis des palais de justice, ne peuvent
qu'engendrer un sentiment de malaise. Pour parvenir à délivrer un message idéologique prédé-
terminé — à savoir l'antisémitisme meurtrier de
Vichy — il aura fallu non seulement que la Cour
de cassation passe son temps à tripoter la défini-
tion du crime contre l'humanité pour l'adapter à
chaque cas et rendre les procédures opératoires,
mais encore tricher avec les événements. Henry
Rousso, toujours lui, cite le cas des otages juifs
de Rillieux-la-Pape. «Considérer que Paul Touvier, en exécutant les sept otages juifs de Rillieux,
le 29 juin 1944 — seul crime pour lequel il a été
inculpé et condamné — avait agi en complice du
Troisième Reich était inexact, explique-t-il, car il
avait agi en tant que milicien français avide de
venger Philippe Henriot, exécuté par des résistants, réglant ainsi des comptes internes et non
pas directement liés à la "solution finale" ni com-
mandités par la puissance occupante [13]. »
   Le verdict du procès Papon n'échappe pas à ce
type de contradiction. Il punit un homme pour
avoir déporté des juifs mais en admettant qu'il
ignorait le sort qui leur serait réservé. Où est
passé, dans ce cas, le crime contre l'humanité tel
que la Cour de cassation le définit? Et pourquoi
la République n'a-t-elle pris en compte que les
victimes représentées à l'audience, semblant ainsi

ignorer les autres puisqu'elle n'a pas confié à son procureur le soin de requérir en leur nom? Même l'un des principaux avocats des parties civiles à Bordeaux, Mᵉ Michel Zaoui, s'est déclaré troublé.

Une fausse conception de la démocratie conduit parfois à prendre d'étranges libertés avec les valeurs que l'on prétend honorer. La référence mécanique à un « devoir de mémoire », qui prévaut à l'heure actuelle, s'apparente de plus en plus à l'opposition des gentils et des méchants. Or, comme le note Gilles Manceron, « l'historien n'est pas un juge. [...] Le lot quotidien de son travail est de répondre aux questions que suscite la mauvaise mémoire de ses contemporains [14] ». Notre mémoire n'est pas seulement défaillante, elle est aussi sélective. Il y a ce que nous voulons connaître et ce que nous désirons occulter. Si l'historien brave cette pression sociale, comme l'a fait Chauvy, il se place en position de fragilité. D'où la tentation, déjà présente chez la plupart des professionnels de l'Histoire et renforcée par les tribunaux, de dire que la recherche ne peut commencer qu'après l'extinction de cette mémoire sociale, c'est-à-dire une ou deux générations après les événements. *Exit* l'histoire contemporaine.

De fait, aussi bien aux assises de la Gironde pour Maurice Papon qu'à Paris devant la dix-septième chambre pour Lucie et Raymond Aubrac, seules ont compté les images sociales. Papon est un salaud, les Aubrac des héros. Les témoignages ne sont entendus que s'ils s'inscrivent dans cette logique préétablie. Les historiens qui se hasardent dans les prétoires ne peuvent ignorer qu'ils se prêtent à un jeu biaisé. Henry Rousso a fort bien démonté le mécanisme avec l'exemple de Michel Bergès aux assises de la Gironde : « Dès lors que le propos de ce dernier ne servait plus la cause qu'elle était supposée défendre, à savoir celle des parties civiles et de l'accusation, c'est sa présence même à la barre en tant qu'historien qui a été fortement contestée tant par le parquet que par certains avocats les plus sérieux des parties civiles, en vertu du fait que l'intéressé avait confondu son rôle d'historien avec celui de la justice... En d'autres termes, la présence d'un historien à la barre n'était légitime qu'à la condition de ne pas connaître et de ne pas parler du dossier [15] !» Des divers historiens entendus à Bordeaux, le seul à avoir étudié personnellement le dossier soumis aux jurés était en effet Michel Bergès.

Qu'il s'agisse de glorifier la Résistance ou de cultiver le souvenir de la Shoah — deux objectifs légitimes — le simple fait de se réclamer du « devoir de mémoire » semble permettre de s'exonérer de toute rigueur intellectuelle. Serge et Arno Klarsfeld peuvent multiplier impunément provocations et jeux de cirque et ravaler ainsi la revendication de justice au rang de la vengeance ; les Aubrac peuvent affabuler et substituer leurs récits romancés au simple déroulement des faits :

la justice est de leur côté. La puissance médiatique aussi. Le jugement de la dix-septième
chambre s'est borné à emprunter le pas, un an
plus tard, à une campagne idéologique lancée
avant que l'étude de Gérard Chauvy ne soit disponible en librairie. *L'Événement du jeudi*[16] avait
publié — avant la sortie du livre, répétons-le —
une pétition signée de dix-neuf résistants
célèbres, agrémentée d'un dossier de sept pages
qui, sous le titre délicat de «Ces héros qu'on
assassine», vouait aux gémonies les «nouveaux
historiens». Étaient visés Thierry Wolton et
Karel Bartosek[17] ainsi que Chauvy, bien sûr mais
sans, pour ce dernier, qu'une seule ligne puisse
être — et pour cause — consacrée au contenu de
son ouvrage. Les pétitionnaires reprochaient à ces
historiens de s'attaquer «à la mémoire des morts
et à l'honneur des survivants, sur la base d'archives parfois douteuses, souvent mal interpré-
tées et toujours isolées de leur contexte historique». On croirait en effet lire le jugement de la
dix-septième chambre.
   Cette phrase lourde de sens a été notamment
cosignée par Jean Mattéoli, président du Conseil
économique et social, chargé à présent du dossier
de la spoliation des biens juifs. Le même homme,
comme nombre d'autres «grands résistants» —
les «petits» étant, par opposition, ceux qui n'ont
pas su faire carrière, la libération du pays
acquise —, s'était rendu à Bordeaux pour soute-
nir Maurice Papon et critiquer l'acte d'accusa-

tion. À Paris, la pétition contre Chauvy avait été médiatiquement saluée. À Bordeaux, en se portant garants de la résistance de Papon, les mêmes se sont heurtés à la presse, aux parties civiles et au parquet. Tous leur ont, comme un seul homme, reproché une conception artificielle de l'histoire de la Résistance et une solidarité institutionnelle. Vérité à Bordeaux, erreur à Paris ou l'inverse ? Bien malin qui peut s'y reconnaître.

La justice s'est instaurée gardienne du mensonge et pourtant personne n'écrira plus sur les Aubrac après Chauvy comme on le faisait avant. Face à cette réalité, tous les arrêts de cour sont impuissants. Dès lors, l'historien que la dix-septième chambre a prétendu déshonorer peut répondre à ses juges ce que Boris Pasternak écrivait à l'Union des écrivains soviétiques après avoir reçu le prix Nobel : il leur pardonnait d'avance son exclusion mais leur demandait de ne pas réagir avec précipitation car, de toute façon, ils auraient à le réhabiliter quelques années plus tard.

Investigations sur le journalisme

Les journalistes s'étonnent de la suspicion dont les citoyens témoignent à leur égard. Ils ont tendance à n'y voir qu'un mélange d'infantilisme et de populisme, l'incapacité d'élèves dissipés à se concentrer sur les leçons élaborées à leur intention. Car, comme les magistrats, les journalistes sont rarement accessibles au doute. Ils savent et tranchent. Et quand ils ne savent pas... ils lisent celui des leurs qui prétend détenir la réponse et recopient son argumentation. Certitudes et uniformité ont fini par lasser les consommateurs les mieux disposés.

Certes, il est toujours horripilant, comme dans l'affaire Aubrac, de travailler sous les acclamations de l'extrême droite, mais ce ne peut être un motif suffisant pour renoncer. Si les nostalgiques du pétainisme tentent de saisir l'aubaine pour régler des comptes avec la Résistance, demeure le devoir d'honnêteté, ne serait-ce que par respect pour tous ceux qui se sont battus dans l'armée des ombres. Il faudrait sinon admettre qu'une vérité n'a le droit d'être énoncée que lorsque sa mise au jour conforte les dogmes. C'est, malheureusement, ce que donne à croire l'essentiel des médias.

Lors d'une courtoise polémique avec Laurent Joffrin, j'avais avancé la même idée en brocardant « les vieilles ficelles du "marxisme" germanopratin » et cette propension à « dissimuler les tares de la famille par crainte de les voir exploitées par l'adversaire[1] » : le directeur de la rédaction de *Libération* accueillant dans les colonnes de son journal une riposte à l'un de ses éditoriaux, la probité d'une telle démarche est devenue si exceptionnelle qu'elle mérite d'être saluée. D'autant que le quotidien issu de l'extrême gauche s'est trouvé en porte-à-faux durant toute la polémique autour de l'ouvrage de Gérard Chauvy. Parti pour combattre l'historien et réhabiliter le couple de résistants, il aura — involontairement — précipité la chute de Lucie et Raymond par l'organisation d'une table ronde d'historiens. Car ce que des magistrats avalent sans sourciller au nom de leur conception des équilibres sociaux et de leur révérence face aux autorités établies, des professionnels de l'histoire, même sélectionnés par les Aubrac, ne pouvaient le laisser passer. Une fois les faits mis sur la table par un autre, faut-il préciser. Et dans leur souci de vérité, après avoir longtemps hésité à autoriser la publication de l'échange qu'ils avaient réclamé, les Aubrac ont obtenu de commenter longuement le texte qui les met à mal et ont pris soin d'interdire sa diffusion sous forme de livre afin de lui ôter toute pérennité.

Bien accueillie dans les revues consacrées à l'histoire, la démarche iconoclaste de Gérard Chauvy a déclenché, en revanche, un véritable tollé dans la gauche journalistique. Une gauche qui, comme l'a relevé avec impertinence Jean Baudrillard, «est devenue une pure juridiction morale, incarnation des valeurs universelles, championne du règne de la Vertu et tenancière des valeurs muséales du Bien et du Vrai, juridiction qui peut demander des comptes à tout le monde sans avoir à en rendre à personne».

Seul L'Express a préféré ne pas plonger dans la mêlée. Sa rédaction était paralysée par l'opposition de deux attitudes diamétralement opposées. D'un côté, le spécialiste de la période, Éric Conan, qui a toujours refusé de rendre les armes à l'histoire officielle et l'a encore prouvé avec ses commentaires du procès Papon [2]. De l'autre, un chroniqueur vedette de l'hebdomadaire, Alexandre Adler, spécialiste des Aubrac. Lorsqu'en 1996, suivant l'exemple de son épouse, Raymond Aubrac avait pris la plume pour rédiger ses souvenirs [3], Adler avait célébré, dans le Point, l'ouvrage sur une double page sous le titre sans nuance : «Un homme d'honneur». Étrange conception de l'honneur qui conduit à choisir comme modèle un ancien commissaire de la

République nommé à la Libération mais — cas exceptionnel — relevé de ses fonctions par Charles de Gaulle en raison des horreurs qu'il cautionna dans le cadre de l'Épuration. « Il flottait sur Marseille, a écrit le chef de la France libre, un air de tension et presque d'oppression qu'entretenaient des actes abusifs. Les communistes, en effet, exploitant d'anciennes divisions locales et faisant état des persécutions auxquelles s'étaient acharnés les agents de Vichy, avaient établi à Marseille une dictature anonyme. Celle-ci prenait à son compte des arrestations, procédait même à des exécutions, sans que l'autorité s'y opposât avec vigueur *. À cet égard, le commissaire de la République Raymond Aubrac, qui s'était prodigué dans la Résistance, adoptait malaisément la psychologie du haut fonctionnaire [4]. » Dans ses propres Mémoires, Raymond Aubrac a préféré ne retenir que cette ultime phrase et, ne reculant devant aucune falsifica-

---

* Un phénomène comparable s'observait à Toulouse où sévissait Ravanel. « Naturellement, les communistes, bien placés et bien organisés, attisaient les foyers de trouble afin de prendre en main les affaires, écrit de Gaulle. Ils y avaient en partie réussi. [...] Le colonel Asher, alias Ravanel, chef des maquis de la Haute-Garonne, avait pris le commandement de la région militaire et exerçait une autorité aussi vaste que mal définie. Autour de Ravanel, des chefs de fractions armées constituaient comme un soviet. Les membres de ce conseil prétendaient assurer eux-mêmes avec leurs hommes l'épuration, tandis que la gendarmerie et la garde mobile étaient consignées dans des casernes éloignées. »

tion, l'attribue au fait qu'il aurait refusé un poste à la Cour des comptes ! Ainsi écrit-on l'Histoire chez les Aubrac. En fait, on torturait dans les caves de la préfecture de Raymond Aubrac tout autant que dans les geôles lyonnaises de Klaus Barbie. La suite de la carrière de l'ancien dirigeant de la Résistance fut notamment consacrée au financement souterrain du PCF, *via* les démocraties populaires européennes, un rôle qui ne semble pas, non plus, un modèle d'honorabilité, sauf dans le cadre de l'expression « honorable correspondant ».

Le thuriféraire universitaire titré, est choyé par les médias pour lesquels il décryptait hier les mystères de la kremlinologie et résume aujourd'hui l'histoire complexe de l'Europe centrale et des Balkans. Lorsqu'il était encore membre du Parti communiste, en 1977, Alexandre Adler s'était fait connaître en participant à la rédaction d'un ouvrage collectif, *L'URSS et nous*[5], jugé d'une folle audace car publié par la maison d'édition du PCF. Les auteurs amorçaient une prise de distance avec Moscou, douze ans avant que le système soviétique ne s'effondre. Un repli suffisamment calculé pour pouvoir être accepté par Georges Marchais, l'homme du « bilan globalement positif » des pays de l'Est. Chacun peut, rétrospectivement, juger du courage et de la clairvoyance des auteurs. Il n'en faudra pourtant guère plus pour qu'Adler s'installe dans un rôle de mentor en matière de politique internationale, conseillant tantôt les dirigeants socialistes, tantôt Philippe Séguin et le RPR, au rythme du balancier de la vie politique nationale.

Plus significatif que ce passé communiste dans l'engagement sans réserve d'Alexandre Adler aux côtés de Raymond Aubrac, son statut de gendre de Maurice Kriegel-Valrimont. Comme quoi, une fois de plus, la vie privée demeure une composante irremplaçable d'explication et de compréhension de la vie sociale. Or, Kriegel-Valrimont est, avec Serge Ravanel, le principal témoin de moralité du couple Aubrac. Les trois hommes, tous communistes, ont été arrêtés ensemble à Lyon en mars 1943 et sont désormais solidaires de la version officielle des faits.

Le Point ne risquait donc pas de découvrir la moindre faille, le moindre mensonge dans les souvenirs publiés par Raymond Aubrac dès lors qu'il confiait le compte rendu à un chroniqueur si... averti. Un érudit du genre Chauvy aurait pu s'étonner que Raymond affirme avoir donné en avril 1944 sa démission de l'Assemblée consultative provisoire d'Alger pour s'engager dans les parachutistes alors que son nom continue d'apparaître dans les comptes rendus de séance et les scrutins publiés par le *Journal officiel*. Cette démission n'est intervenue que le 3 juillet 1944, après sa nomination, le 27 juin, comme commissaire de la République. Dans ce laps de temps où il suggère à ses lecteurs de glorieux exploits,

Raymond Aubrac effectue une mission en Corse, en compagnie d'Emmanuel d'Astier de La Vigerie, commissaire à l'Intérieur. En mai 1944, l'île connaît ce que l'historien Philippe Buton a nommé un «processus révolutionnaire». En clair, les communistes testent les mécanismes de mainmise sur le pouvoir qu'ils comptent utiliser sur le continent, dès la libération réalisée. Même Jean-Louis Crémieux-Brilhac a parlé, à propos de cette période de la vie politique corse, de «mesures aventuristes de soviétisation». Comme toujours prudent et soucieux de réécrire une Histoire conforme à nos canons contemporains, Raymond Aubrac a purement et simplement fait l'impasse sur cet épisode. Difficile de croire à de simples défaillances de mémoire. Alexandre Adler est mieux à son affaire d'historien de talent lorsqu'il se penche sur les énigmes de l'Égypte pharaonique en compagnie... d'une voyante[6].

Bible de la gauche intellectuelle, *Le Nouvel Observateur*[7] expédie le cas Chauvy en une page offerte à la double réfutation de Stéphane Hessel, au nom des grands sentiments, et de l'inévitable Pierre Vidal-Naquet, au nom des grands principes de la science historique. Bien qu'affirmant avoir «lu très attentivement» l'ouvrage controversé, Vidal-Naquet explique les variations de date de Lucie concernant la libération de Raymond en mai 1943 par une volonté de «rendre l'histoire plus romanesque». Une antienne qui traîne depuis quatorze ans et que l'éditeur des

Mémoires de Lucie Aubrac, Jean-Claude Guillebaud, avait personnellement cautionnée... dans
les colonnes du *Nouvel Observateur*. Un témoignage au demeurant révélateur, soit d'une
conception bien peu rigoureuse de la supervision
de documents, soit, plus probablement, d'un
pieux mensonge de circonstance. En effet,
Gérard Chauvy, dans son livre, traite évidemment de cette explication fournie par Lucie
Aubrac et réutilisée par Vidal-Naquet, et il
montre sa faiblesse puisque le changement de
date soi-disant opéré à la demande d'un éditeur
en 1984 avait déjà été effectué par Lucie en 1978
et par Raymond en 1948 et 1950. Si Pierre
Vidal-Naquet avait lu Chauvy aussi attentivement qu'il l'affirme, il n'aurait pu se limiter à
reproduire une réfutation ancienne déjà éventée,
sauf à admettre qu'il préférait balayer l'obstacle
en usant de l'argument d'autorité et en bernant
du même coup ses lecteurs.

C'est au *Monde* que revient pourtant la palme
de la mauvaise foi avec un impressionnant tir de
barrage contre le livre et son auteur. En première
page[8] fut même mobilisé un «historien de la
Deuxième Guerre mondiale», François Delpla,
surtout connu pour avoir confondu dans un précédent ouvrage deux Paul Reynaud différents, ce
qui obligea les éditions Plon à retirer le livre de
la vente — un expert donc en matière de rigueur
historique —, et qui publiera ensuite un hymne
aux Aubrac dans une officine animée par des

communistes purs et durs, éditeurs de Roger Garaudy, condamné pour... négationnisme. Comment imaginer pire confusion intellectuelle ? *Le Monde*, guère plus regardant sur son argumentation que sur ses soutiens, accepte, dans sa page éditoriale, un factum de Laurent Greislamer[9] dénonçant ceux qui préfèrent étudier les archives — allemandes et de Vichy qui plus est ! — plutôt que de se laisser porter par les témoignages. Étrange raisonnement qui aurait rendu irréalisable l'œuvre capitale de Raul Hilberg, *La Destruction des juifs d'Europe*[10], puisque l'essentiel de sa documentation est allemand ou provient des autorités des pays occupés. Comme l'expliquait l'historien américain Robert Paxton lors du procès Papon : « Par expérience, j'ai appris que les témoignages sont très utiles aux historiens mais qu'ils doivent être soumis à une vigilance aussi stricte que l'examen des archives. Le problème des témoins oculaires, c'est que leurs souvenirs évoluent, et ils peuvent beaucoup varier avec le temps. Un historien est mécontent s'il n'a que des témoignages oculaires, c'est pourquoi les archives sont très importantes[11]. » À l'inverse, le raisonnement de Greislamer signifie, en accord avec le dogme idéologique sous-jacent, que quiconque dit le « bien » est tabou. Étrange dévotion et curieux éloge de la subjectivité pour un homme qui, par métier, devrait cultiver l'esprit critique et rechercher une forme d'objectivité. Cette hargne, répétitive, à l'égard d'un ouvrage et d'un auteur provoqua une gêne jusqu'au sein du quotidien du soir. Libre à la direction de la rédaction d'opter pour une thèse plutôt que pour une autre et nul ne s'offusquera de la voir défendre le couple Aubrac, à condition toutefois que l'information soit transmise et la partie adverse traitée avec équité. Tel ne fut pas le cas, estima le médiateur du *Monde*, Thomas Ferenczi. Quelle en fut la conséquence ? Aucune. Seul Gérard Chauvy, en application de la loi, obtint la publication d'un droit de réponse.

Le Monde, à l'image de la presse anglo-saxonne, s'est doté d'une conscience interne chargée de dialoguer avec les lecteurs — c'est-à-dire en pratique de justifier les choix de la rédaction — mais aussi, le cas échéant, de redresser publiquement la barre si des manquements à la déontologie professionnelle lui apparaissaient. Louable préoccupation on en conviendra, qui avait aussi le mérite, comme pour les médiateurs de la République, d'offrir un placard commode où caser d'anciens dirigeants devenus encombrants. Car, là encore, on ne peut comprendre entièrement une situation en faisant abstraction de la vie interne de l'institution, de sa vie privée en quelque sorte. Avec l'instauration de son médiateur, *Le Monde* a pratiqué ce que fait la société française lorsqu'elle prétend démocratiser son fonctionnement en empruntant une procédure à son actuel modèle anglo-saxon. La réforme a l'apparence de la démocratie mais ce n'est qu'un ersatz. Certes, Thomas Ferenczi a pu écrire dans les colonnes de son journal : « Il nous semble que *Le Monde* n'a pas donné une part égale aux différentes thèses. […] La parole n'a pas été donnée à la défense, ni même à des historiens moins engagés mais qui ne jugent pas ce débat illégitime [12]. » Un avis marginal a été émis mais, à l'inverse de la presse américaine, il n'entraîne ni excuses, ni rectifications, ni sanctions. On l'avait déjà constaté dans une affaire plus grave, lorsqu'il était apparu qu'un journaliste du *Monde* en charge du dossier du sang contaminé et actif défenseur du docteur Garretta bénéficiait d'un contrat auprès du Centre national de transfusion sanguine. Le quotidien du soir, qui s'enorgueillit de son vétilleux magistère moral sur notre société, se devait de réagir. Il a auditionné puis absous. Son courage pour dénoncer les fautes des tiers cédait le pas à une pusillanimité frisant la lâcheté.

Si l'art de l'investigation est rendu particulièrement délicat, en France, par une législation restrictive et surtout une magistrature répressive, il existe d'autres formes d'enquête qui permettent de sauvegarder les apparences. Leurs auteurs peuvent d'autant mieux jouer les fiers-à-bras que l'ordre social s'en trouve conforté.

Toujours fasciné par son modèle américain, *Le Monde* s'était déjà targué d'avoir importé dans l'hexagone les exigences du « journalisme d'investigation » à la manière des tombeurs du président Richard Nixon. L'un des directeurs de la rédaction du quotidien français, Daniel Vernet, broda même sur ce thème en première page avec une touchante immodestie, comparant l'attitude du *Washington Post* durant cette période et celle du *Monde* lors du sabordage du navire des écologistes de Greenpeace par les services secrets français. Le naufrage du *Rainbow Warrior* avait, accidentellement, entraîné la mort d'un photographe. Longtemps, les responsables gouvernementaux nièrent toute implication française. Puis, des officiers en mission ayant été arrêtés par les autorités néo-zélandaises grâce à l'«amical» concours des Britanniques, il a bien fallu se décider à crever l'abcès. C'est alors que, par miracle, Edwy Plenel, enquêteur émérite, débusqua la présence à Auckland d'une «troisième équipe». Cette «révélation» était pain bénit pour le gouvernement Fabius. Elle permettait de dédouaner les officiers français déjà arrêtés et donnait des arguments aux avocats pour plaider auprès des autorités de Wellington un simple accompagnement passif de l'opération. Comble du dérisoire, les Français purent voir à la télévision un chef de gouvernement venir féliciter les journalistes pour une enquête qu'il avait téléguidée en sous-main et affecter d'avoir découvert grâce à eux l'implication d'une administration dépendant de son autorité. Le mensonge d'État avait trouvé ses supplétifs, ses auxiliaires. Le pire a été qu'en dépit de l'énormité de la manipulation, aucun éclat de

rire n'a saisi le pays. Daniel Vernet devrait quand
même se demander s'il est légitime de placer sur
un même plan une enquête ayant abouti à la
démission du président Nixon et un scoop souf-
flé par une équipe ministérielle pour se sortir
d'un mauvais pas.

Cette connivence malsaine entre un journaliste et le cabinet d'un chef de gouvernement a
néanmoins fondé en France une véritable école
du «journalisme d'investigation» et entraîné la
promotion de l'auteur de l'enquête à la direction
de la rédaction de son quotidien. Pourtant,
comme sur la robe de Monica Lewinsky, des
traces subsistent de ces étreintes fautives dans les
coulisses de l'information. Edwy Plenel était en
effet écouté, le plus illégalement du monde, par
la cellule élyséenne de basse police. Ancien participant à cette structure, le capitaine Paul Barril
a eu le mauvais goût de révéler le contenu de ces
conversations entre l'équipe de Matignon et le
journaliste. Que croyez-vous qu'il arriva? Edwy
Plenel le traîna en justice et le fit condamner à
un franc de dommages et intérêts. À aucun
moment la véracité des propos tenus ne fut
contestée, seulement, puisque les écoutes
n'étaient pas légales et bien que les comptes rendus figurent dans le dossier d'instruction du
magistrat chargé d'enquêter sur les dérives du
pouvoir mitterrandien, nul n'est autorisé à en
faire état. Suprême hypocrisie.

Pris les doigts dans le pot de confiture, un

journaliste se retranche derrière la protection formelle de la justice qui, une fois de plus, apparaît
comme un obstacle à une juste appréciation des
faits et la gardienne vigilante du mensonge.
Comme le souligne fort à propos la préface des
éditions Liber, créées par Pierre Bourdieu et ses
amis, au livre de Serge Halimi consacré à la
presse [13], pourquoi les journalistes « n'auraient-ils
pas à rendre compte de leurs prises de position
et même de leur manière d'exercer leur métier et
de conduire leur vie alors qu'ils s'instaurent si
volontiers en juges des autres hommes de pouvoir, et en particulier des hommes politiques » ?

Aux États-Unis à coup sûr, et plus générale-
ment au sein du monde anglo-saxon, la découverte de telles pratiques dans un journal de référence aurait provoqué des remous au sein des
entreprises de presse, au minimum un débat
public et probablement des sanctions. Confrontés au discrédit croissant qui frappe les journalistes — et dont on constate l'équivalent dans les
sondages et enquêtes publiés en France —, les
dirigeants des médias d'outre-Atlantique se sont
en effet résignés à faire le ménage au sein de leurs
rédactions. Le *Boston Globe*, par exemple, a sus-
pendu pour un mois l'un de ses éditorialistes
accusé de plagiat, peu après avoir poussé une col-
laboratrice à la démission pour le même motif.
Une mesure qui, si elle était imitée dans l'hexagone, décimerait les rangs. *Time* et CNN se sont
vus contraints de démentir un scoop affirmant

que l'armée américaine aurait utilisé des gaz de combat durant la guerre du Vietnam. L'agacement face à ces pseudo-enquêtes et aux dérives de l'information-spectacle tend à devenir une donnée de fond que certains opportunistes s'efforcent d'exploiter. À l'affût des tropismes du public, l'Américain Steven Brill s'était fait remarquer en créant, au moment de l'affaire O.J. Simpson, une chaîne câblée retransmettant le procès et jouant ainsi sur le juteux cocktail du sexe, du sang, du fric et du racisme. À peine le dossier clos et sa chaîne revendue avec profit, le trop habile Brill a lancé un magazine[14] dans la grande tradition consumériste, pour dénoncer des médias «corrompus jusqu'à l'os». Il sait de quoi il parle! Plus sérieusement, les grandes chaînes américaines d'information continue ont ouvert une tribune permanente pour débattre des problèmes d'éthique qu'elles rencontrent. Toutes pratiques à cent coudées des préoccupations des médias hexagonaux. Ils sont liés aux pouvoirs par une culture commune dont l'origine s'explique par le processus de naissance des entreprises de presse françaises.

Au cours des trois derniers siècles, la conception que les responsables de l'État se sont faite de la liberté de la presse n'a en rien évolué. Si la forme s'est policée, le fond demeure identique. Au XVIIe siècle, Louis XIII avait accordé à son secrétaire Théophraste Renaudot le privilège de publier un journal; à la fin du XXe siècle, le président de la République a concédé à son directeur de cabinet André Rousselet des avantages financiers exorbitants pour créer une chaîne de télévision. À charge pour Canal + de véhiculer des valeurs « modernes », c'est-à-dire « de gauche », comme *La Gazette* popularisait la politique du monarque. La radio fut, dès sa naissance, placée sous contrôle tout comme il revint aux groupes politiques dominants du moment de se partager titres et imprimeries de presse au lendemain de la guerre. Même *Libération*, seul quotidien dont le lancement a été réussi depuis vingt ans, n'a dû sa survie qu'au bon vouloir successif des gouvernements de droite puis de gauche qui ont empêché les organismes sociaux d'exiger les cotisations non versées, ce qui, pour toute autre entreprise, aurait entraîné une faillite. En France, les médias procèdent du pouvoir politique et seuls les échecs des gestionnaires d'origine entraînent l'arrivée de capitaux privés et la relève par des financiers et des industriels. *Le Monde* offre la dernière illustration en date de ce processus.

Dans la lignée de son épopée *Rainbow Warrior*, fidèle au caractère falsificateur d'une démarche présentée comme émancipatrice, *Le Monde* semble avoir opté pour une nouvelle politique rédactionnelle. Il se fait une spécialité des « enquêtes » et « contre-enquêtes » rédigées en termes catégoriques qui prétendent mettre au net les controverses du moment et surtout les clore. Jouant à fond l'argument d'autorité, il se place systématiquement aux côtés, non pas des institutions, mais des puissants du jour, de ceux qui, à un moment donné, dominent la scène. C'est ainsi que lors de la polémique autour du livre de Rougeot et Verne sur l'affaire Yann Piat, *Le Monde* publie, le jour même de la seconde audience, juste avant l'ouverture des débats, deux pages accablantes, balayant les doutes et confortant point par point les thèses officielles. Pourtant, le procès des assassins présumés n'a pas encore eu lieu et le président de la cour d'assises du Var, ébranlé malgré tout par les critiques de l'instruction, a ordonné un complément d'enquête. Mesure qui jusqu'alors avait été refusée à la famille de la victime, l'instruction ayant été, au contraire, ponctuée d'ordonnances de refus d'informer. Le peu d'espace que s'étaient dégagé les auteurs et leur éditeur, *Le Monde* s'applique à le faire disparaître avant que la justice officielle ne tranche. Dans la salle du tribunal, l'avocat de François Léotard, le député RPR Patrick Devedjian, ne s'y trompe pas. Il peut plastronner et lancer à la cantonade : «Vous n'avez pas lu *Le Monde*? Vous auriez dû!» Quel bel hommage. Quel accablant aveu.

De même, au plus fort de l'affaire Aubrac, une double page signée Gilles Perrault prétendait mettre — une fois de plus — un point final à la controverse grâce à une «contre-enquête». Celle-ci, par hasard, recoupait le schéma de la longue citation directe rédigée par Mᵉ Kiejman pour le compte du couple de résistants et n'apportait, en réalité, aucun élément inédit. Dans ce genre de démonstration, seul compte le ton. Il doit être péremptoire, exclure le doute. Dans l'exercice, Perrault est souverain. Il réutilise, sans se préoccuper des nouveaux documents produits par Chauvy, la participation à un trafic de marché noir portant sur du sucre qui aurait suffi à duper les enquêteurs français et allemands. Comment une « contre-enquête » peut-elle en rester à cette version officielle, dès lors que Chauvy a fait apparaître que l'information ouverte à l'époque portait sur des « actes de nature à nuire à la défense nationale, infraction à la loi portant institution du service du travail obligatoire et fabrication de fausse carte d'identité » ? La « contre-enquête » est également muette sur le fait que l'identité de Serge Ravanel, arrêté en même temps qu'Aubrac, avait été percée à jour et qu'en outre il faisait l'objet d'un mandat d'arrêt pour s'être enfui des locaux de la Sûreté de Marseille. Des données dont Ravanel ne souffle mot ni dans ses Mémoires ni dans sa déposition au procès Aubrac/Chauvy. Plus cocasse encore, bien que toujours dans la même veine, l'autorité mobilisée par Le Monde conclut que Vichy et la Gestapo se sont désintéressés des poissons ramassés lors de leur vaste coup de filet de mars 1943 et que la police allemande n'aurait procédé que par

« sondage » *. Bien sûr, aucun document n'autorise Gilles Perrault à émettre pareille hypothèse. Cette avancée conceptuelle n'est que le fruit de son imagination. Ainsi vont ses « contre-enquêtes ».

Ancien parachutiste en Algérie, longtemps fasciné par cette culture de la violence, du recours à la torture, Gilles Perrault n'est ni historien de métier ni stable dans ses opinions et ses analyses. Venu des confins du militarisme et naviguant alors clairement à droite, il aurait dû, en rédigeant *L'Orchestre rouge*, dénoncer les bolcheviks pour plaire à ses commanditaires grâce auxquels il s'était vu fournir l'indispensable documentation. Il a préféré succomber à cette autre épopée de camaraderie, de combats et de sang : le communisme. Comme quoi, on ne se refait jamais complètement. Depuis, il est devenu l'une des coqueluches de la gauche. En 1994, lors des élections européennes, on le retrouve candidat sur une liste patchwork conduite par le nationaliste corse Max Simeoni et rassemblant une brochette de régionalistes basques, bretons, flamands, alsaciens et autres, parmi lesquels un quarteron de fascistes bon teint. De ces errances, son ancien ami Didier Daeninckx a tiré un pamphlet [15] bien excessif dans lequel il dénonce les penchants révi-

---

* Une thèse reprise à propos des arrestations de Caluire, toujours dans *Le Monde*, par Serge Klarsfeld, et récusée par Jean-Pierre Azéma... mais dans *Libération*.

sionnistes de Perrault. Quel paradoxe pour l'avocat des Aubrac qui eux-mêmes dénoncent à grands cris le révisionnisme supposé de Gérard Chauvy! Un terme de plus en plus souvent brandi pour disqualifier l'adversaire. N'a-t-on pas vu la revue *Les Temps modernes*[16] en user dans un article de Robert Redeker critiquant violemment l'ouvrage d'Alain Brossat, *L'Épreuve du désastre, le XX siècle et les camps*[17], ce qui a provoqué la réaction indignée d'une quarantaine d'intellectuels dont Edgar Morin, Jean-François Lyotard, Maurice Rajsfus, Michel Surya et, bien sûr... Gilles Perrault. Il est vrai que le terme de révisionnisme prête à confusion. Il n'y a pas d'Histoire sans révision et il est déplorable d'avoir associé ce terme au négationnisme qui constitue bien, en revanche, un crime contre l'intelligence. Gilles Perrault, au fil de son chaotique cheminement intellectuel, aurait dû apprendre la prudence, savoir qu'en ne procédant que par affirmations on peut sans doute tromper le volage lecteur de quotidien mais qu'en aucun cas on ne peut duper ceux qui, peu ou prou, se sont penchés sur le dossier.

Cette intention manipulatrice, on la retrouve, plus curieusement encore, dans la manière dont *Le Monde* traite de la Corse, île d'origine de son actuel directeur. N'est-il pas confondant de voir que les articles du quotidien du soir sont régulièrement salués par les nationalistes du FLNC-Canal historique? Le journal qui exprime cette sensibilité, *U Ribombu*, ne tarit pas d'éloges sur Jean-Marie Colombani et Jean-Louis Andreani. Qui peut être dupe ? Surtout lorsqu'à l'opposé, les enquêtes de *Libération* valent à ce titre les pires insultes et contraignent l'un de ses journalistes, Guy Benhamou, à prendre des mesures de sécurité en raison des menaces physiques dont il est victime. Il est vrai que le journalisme exercé avec rigueur a un coût et qu'on ne se place jamais impunément au travers de la vague. Il est plus valorisant de la chevaucher. L'actuelle politique rédactionnelle du *Monde* confond investigation journalistique et surf.

Les maisons d'édition, admettons-le, ne se sont guère bousculées pour publier le brûlot de Jean-Marc Fombonne-Bresson, *Pour en finir avec la Corse*[18]. Un plasticage de devanture n'est jamais envisagé de gaieté de cœur. Après tout, elles sont libres de choisir leurs causes et le texte a fini par voir le jour... à Lausanne. Or, c'est cette lâcheté, également répandue dans l'appareil d'État, qui a permis que dégénère la situation corse, qu'une fraction importante des élites politiques et économiques de l'île confonde deniers publics et enrichissement personnel, gestion des dossiers et trafic d'influences, scrutin et fraude, nationalisme et racket. Et la liste n'est pas exhaustive.

Pour comprendre l'unicité de vision, et même de ton, des médias, il convient d'observer que les principaux cadres des rédactions parisiennes sont

presque tous d'anciens soixante-huitards recon-
vertis. Avec quelle jubilation démesurée ont-ils
célébré le trentième anniversaire de leur Chemin
des Dames. Un mois durant, colonnes et écrans
dégoulinèrent d'autosatisfaction béate. Plus
anciens combattants qu'eux, cela n'existe pas.
Quel attendrissement émerveillé pour leur jeunesse! Quelle mutation sociale exceptionnelle,
quelle révolution copernicienne n'ont-ils pas
engendrées! Porteurs d'un bilan historique si
conséquent, ayant imprimé leur marque au
siècle, comment pourraient-ils hésiter aujour-
d'hui à dicter la loi à leurs contemporains?

La confiance se mérite

Nous sommes entrés dans une ère d'intolérance. L'échec des alternances politiques à répétition, leur enlisement dans une cohabitation
devenue la référence, rabotent les différences et
taisent les divergences. Une chape de silence est
tombée. Seul le ronronnement uniforme et
continu des maîtres de la *doxa* s'élève encore,
couvrant les cris des victimes. Il n'est plus possible à une poignée d'illuminés de se réunir dans
un salon pour adorer l'oignon sans que se dresse
la machine médiatico-judiciaire qui pourchasse
les sectes. Les faits mêmes n'ont plus besoin
d'exister pour que des « témoins » se lancent dans
des dénonciations publiques qui font l'ouverture
des journaux télévisés. Il aura suffi, en août 1996,
qu'une grand-mère et son petit-fils soient portés
disparus dans les Alpes-Maritimes pour qu'une
chasse aux sectes d'ampleur nationale se
déclenche à partir d'une rumeur mettant en
cause une communauté catholique. Le déferle-

ment médiatique ne s'arrêtera qu'avec la découverte des deux corps au fond du ravin où les avait précipités un accident de la circulation. En un temps où nous faisons des déportations du Troisième Reich l'alpha et l'oméga de l'échelle morale (après avoir scandaleusement occulté la Shoah des décennies durant), nous pourchassons sans précaution des groupes qui furent naguère la cible des hitlériens, tels les Témoins de Jéhovah. Quelques parlementaires de toutes origines, au prix de grossiers amalgames, dressent la liste des coupables dans des conditions qui vaudraient au moindre folliculaire les foudres de la dix-septième chambre. Chacun pouvant ensuite brandir ce document, la chasse aux sorcières s'organise, révélant chez les traqueurs des comportements au moins aussi sectaires que parmi leur gibier. La gauche monte en première ligne derrière les socialistes Alain Vivien et Jacques Guyard et surtout l'ancien communiste Jean-Pierre Brard pour exiger de l'État un engagement contre des groupes qui ne sont même pas juridiquement définis. Une fois encore, sans recul ni retenue, les groupes anti-sectes, qu'ils soient laïques ou religieux, transposent dans l'hexagone un discours psychiatrique forgé aux États-Unis dans les années 70. Limitant leur action au lobbying parlementaire, au forcing médiatique et à la guérilla judiciaire, ces nouveaux croisés ambitionnent d'imposer un contrôle social sur des problèmes qui relèvent de la vie personnelle et familiale. Plus question, dans ce cas, de respect de la vie privée ! Le chœur des bien-pensants s'élève pour réclamer plus de sanctions, sans égard ni pour les règles de base de la démocratie ni pour la liberté de conscience. À montrer du doigt des marginaux, on n'obtient qu'une marginalisation pire encore. Il en va des sectes comme de la question juive selon Sartre : ce sont les autres qui créent le phénomène. Le groupe trotskiste Lutte ouvrière peut se comporter comme une secte, Arlette Laguiller continuera d'être accueillie avec une sympathie amusée. Adorer le « grand soir » est socialement légitime. Les menhirs en revanche sont suspects. Or, même les cultes ridicules ont droit d'exister dès lors qu'aucun délit n'est commis. En quoi les prétendus miracles d'un charlatan peinturluré en hindou seraient-ils plus ridicules que tous ceux qui parsèment la vie des saints depuis le fond des âges ? Et si des aigrefins ou des malins cherchent à exploiter les privilèges fiscaux consentis aux Églises officielles, plutôt que jeter les hauts cris, ne vaudrait-il pas mieux s'interroger sur le bien-fondé de ces dérogations ? Quant à la protection des individus, elle a souvent bon dos. Combien de groupes, au sein des institutions ecclésiales reconnues, pratiquent la pression psychologique, le lavage de cerveau, l'exploitation des déséquilibres personnels, bref usent de toutes les ficelles reprochées aux sectes ?

Intolérance encore, et combien soudaine, vis-à-vis d'attouchements coupables qui ont été délibérément ignorés durant des décennies, pour ne pas dire des générations. Leurs auteurs se trouvent à présent, à cause d'un fait divers belge, assimilés aux pires assassins. Plus question, dans leur cas, de présomption d'innocence ni de respect de la vie privée. Avant que les enquêtes ne soient terminées, à plus forte raison avant toute condamnation, les noms sont divulgués, les réputations brisées, l'intimité violée. Le simple lecteur de revues pédophiles interdites — à bon droit — est considéré comme un monstre. Des innocents sont happés dans le processus. Qu'importe, la pratique est légitimée par le corps social.

Intolérance toujours à l'égard des toxicomanes soumis à une des législations les plus répressives d'Europe. Plus question pour les écrivains de vanter les paradis artificiels sans risquer les tribunaux. Alexandre Dumas glorifiant, dans *Le Comte de Monte-Cristo*, Abougor fournisseur du meilleur haschisch d'Alexandrie, pourrait-il encore écrire à son propos : « Au marchand de bonheur, le monde reconnaissant » ? Comme si cette rigidité ne suffisait pas, il a fallu qu'un ministre rocardien — de ceux que l'on nomme, à juste titre, la « gauche américaine » — acclimate sous nos latitudes l'hygiénisme anglo-saxon et mette hors la loi, avec une touchante candeur, la nicotine. Nous nous soumettons servilement en pensant que notre indiscipline naturelle tempérera les excès du législateur. Pourtant, nous sommes les premiers à dénoncer cette dictature du risque zéro lorsqu'elle frappe nos fromages ou le porto. Et les Américains s'empressent de transgresser cette norme lorsqu'il s'agit d'exporter vers l'Europe des aliments génétiquement modifiés. Leur intérêt économique étant en jeu, la loi du plus fort s'impose et les timides réserves que nous pouvons émettre au nom de la santé publique passent aussitôt pour d'affreux réflexes protectionnistes.

Au nom de ce contrôle administratif pointilleux, qui s'insinue dans tous les aspects de la vie sociale, les plus grossières falsifications deviennent légitimes. La Poste ou la mairie de Paris veulent-elles rendre hommage à André Malraux? Elles s'autorisent, à la manière de feu les démocraties populaires, à gommer l'inopportune cigarette indissociable du personnage. Comme quoi la réécriture officielle de l'Histoire demeure chez nous une pratique naturelle. Le halo de fumée, image de jeunesse et de séduction au début du siècle, est devenu l'incarnation du vice et de la mort. Un tel écart symbolique sur une période aussi brève n'est comparable qu'à notre attitude face à l'avortement. Il est passé, en quarante ans, du statut de crime passible de la peine de mort — avec exécution! — à celui d'acte médical remboursé par la Sécurité sociale.

Le raidissement est le réflexe premier de nos gouvernants. Le président de la République s'oppose à toute reconnaissance des couples homosexuels. Le ministre de l'Intérieur, avec le soutien de Mme Royal, souhaite faire disparaître les juges pour enfants et rétablir les antiques maisons de correction. Notre « modernité » a de fâcheux penchants réactionnaires. Cette rigidité est d'abord un aveu de faiblesse, comparable au professeur chahuté qui croit rétablir son autorité en tapant sur le bureau. Les dirigeants politiques ont besoin de hausser le ton pour se donner l'illusion d'exister.

Personne n'est dupe. La France n'est pas gouvernée, gérée tout au plus. Des équipes ministérielles se succèdent, parfois composées de femmes et d'hommes de qualité, mais elles n'ont pas d'influence sur le réel. Comme les enfants qui imitent le bruit des moteurs lorsqu'ils jouent avec des véhicules miniatures, nos gouvernants s'agitent, légifèrent à tour de bras, mais demeurent sans prise sur la machine qu'ils prétendent piloter. Le phénomène atteint une telle ampleur que les experts ne peuvent l'ignorer. Jean Picq, conseiller maître à la Cour des comptes et auteur d'un rapport courageux sur la réforme de l'État, doit admettre : « La France donne parfois l'impression d'être une démocratie errante où tout bouge mais où rien ne change [1]. » Le triomphe de la cohabitation n'est que l'illustration institutionnelle de cette fatalité.

Comme en outre la classe politique a failli, elle porte son discrédit moral en bandoulière et n'ose plus s'opposer de front aux grands corps administratifs qui profitent de l'occasion pour asseoir leur autonomie. L'influence de la haute fonction publique n'a cessé de s'étendre durant la Cinquième République, au point qu'elle a totalement colonisé le personnel politique. Chefs d'État, ministres, chefs de parti, parlementaires... tous ou presque sont issus de ses rangs. Dans cette prise de pouvoir, les différentes branches de l'administration n'ont pas toutes aussi bien tiré leur épingle du jeu. La magistrature en particulier continue de se vivre en parent pauvre. Les abus de la corruption et le zèle dans les dénonciations lui ayant permis, par accident, d'avoir enfin barre sur les responsables, elle est fort tentée d'exploiter son avantage pour arracher cette indépendance qui lui est toujours promise mais jamais accordée. Quelques juges, éblouis par les médias, résistent mal à une certaine griserie. Faut-il s'en émouvoir? Les hommes politiques ne sont passés que d'une impunité inique — dont Edgar Faure, Jacques Chaban-Delmas ou François Mitterrand sont de notables exemples — à une responsabilité minimum. Cette demande de comptes a été imposée par l'opinion, les juges ne font que la relayer avec moult précautions et une claire conscience de marcher sur des œufs. Il n'en faut pas plus pour que la plupart des éditorialistes poussent des cris d'orfraie et dénoncent un «gouvernement des juges» et une «dérive à l'américaine», ce qui en dit long sur la prise de distance dont ils sont capables par rapport au milieu dont ils traitent. En réalité, un subtil jeu d'influences se développe entre, d'une part, quelques jeunes juges d'instruction avides de ferrailler avec le pouvoir et d'acquérir une aura et, d'autre part, une hiérarchie qui entend utiliser cette arme de dissuasion pour obtenir gain de cause dans ses revendications catégorielles, tout en prouvant aux dirigeants politiques qu'ils ont tort de s'inquiéter et que la magistrature remplira son office, c'est-à-dire tenir le pays et resserrer les écrous. Après l'effacement des autorités religieuses et morales, elle saura suppléer la faillite des politiques, quitte à accélérer l'invasion de notre société par le juridique, à l'image du modèle américain.

Les magistrats sont par goût et par formation des hommes d'ordre, sinon ils auraient choisi une autre activité. Plus leurs responsabilités sont importantes, plus ils ont dû pactiser, bon gré mal gré, avec les autorités politiques. D'eux, les gouvernements attendent moins de la docilité que de la compréhension. Les meilleurs magistrats, ceux qui connaissent les promotions les plus flatteuses, sont ceux avec qui il n'est pas nécessaire de négocier. Ils cautionnent d'eux-mêmes l'intérêt supérieur du pays. Car les juges sont des hommes comme les autres, soucieux de leur carrière, attentifs aux honneurs, attachés aux décorations. Ils n'instruisent ni ne sanctionnent à l'abri de l'air du temps. Ils savent deviner les souhaits de la chancellerie. Il n'est de pire zèle que celui qu'on s'impose ainsi, librement, afin de flatter les responsables de son avenir professionnel.

Alors que le pouvoir socialiste était aux abois, en 1989, à cause des retombées de l'affaire Urba et du racket politique effectué au détriment des entreprises mais réglé en définitive par les contribuables, un député de Marseille, Philippe Sanmarco, était susceptible d'être inculpé. Son dossier fut donc communiqué au procureur général par le président de la troisième chambre d'accusation de Paris. Rien ne se produisit. Or, à l'époque, le «privilège de juridiction» dont bénéficiait ce député exigeait que son dossier soit transmis à la chambre criminelle de la Cour de cassation qui désignerait la chambre d'accusation chargée de l'instruction. La loi était formelle. Le procureur général de Paris demeura impavide et inactif. Deux années durant, il bloqua le cours légal de la justice. Estimant que cette attitude était constitutive du crime de forfaiture — qui conduit à la dégradation civique —, la Ligue des contribuables (fondée en 1919 par le maréchal Franchet d'Esperey) déposa plainte avec constitution de partie civile auprès des doyens des juges d'instruction de la capitale[2].

Le magistrat dont l'honneur était ainsi mis en cause s'est-il rebiffé? A-t-il contre-attaqué, poursuivi en dénonciation calomnieuse? Que nenni. La justice alors s'est-elle prononcée, a-t-elle tranché ce point essentiel pour la garantie des libertés démocratiques? Pas davantage. Hauts magistrats et responsables de l'exécutif ne peuvent manquer à une solidarité réciproque. Ils naviguent sur le même esquif, la noyade des uns entraînerait le naufrage des autres. Il convenait donc de tirer le procureur général de Paris de ce mauvais pas. Le Parlement fut appelé à la rescousse. Dans le cadre de la refonte du Code pénal, le crime de forfaiture a été ni plus ni moins supprimé.

En matière de démagogie, Michel Charasse n'a de leçon à recevoir de personne, il lui arrive pourtant d'énoncer, sous une forme outrancière, quelques vérités. Ainsi, dans une diatribe contre la magistrature prononcée à la tribune du Sénat, s'est-il écrié : « C'est gratuité ou tarif réduit pour les gens de la maison car, contrairement à tous, les magistrats jugent tout le monde mais se jugent entre eux. Comme les mafieux. » Ce n'est, malheureusement, pas faux. On a vu le tollé chez les gens de robe lorsque Élisabeth Guigou a proposé de permettre au garde des Sceaux d'engager personnellement des poursuites pénales « que l'intérêt général commande ». Que de magistrats ont crié à la dictature alors que la démarche était justifiée, au moins en façade, par l'expérience : lorsqu'un administrateur judiciaire, un avocat ou un huissier ont des démêlés, trop de procureurs traînent les pieds et répugnent à poursuivre. L'erreur de l'ancien mauvais génie de François Mitterrand consiste à s'exclure du pacte. Il est vrai que les magistrats se serrent les coudes mais, le cas échéant, les parlementaires savent

leur sauver la mise et il est révélateur que les ini-
tiés, lorsqu'ils évoquent la réforme du Code
pénal du 1ᵉʳ mars 1994, parlent de la «loi
Truche».

Le procureur général qui bloqua le dossier
Sanmarco se nomme en effet Pierre Truche.
Nous le connaissons tous, au moins de vue. Sa
noble crinière blanche servait de point de rallie-
ment lors du procès Barbie où il sut bouleverser
les journalistes et se faire remarquer du pays.
Cette gloire lui valut de «monter» dans la capitale, car la magistrature ne connaît que deux
maîtres : les médias qui créent les réputations et
les gouvernants qui assurent les promotions. Les
véritables artistes parviennent à faire coïncider les
intérêts de leur double parrain. Pierre Truche est
de ceux-là. Aujourd'hui, il occupe le sommet de
la pyramide. Président de la Cour de cassation,
cet homme qui a effectué toute sa carrière au parquet se retrouve en fin de course à la tête des
juges du siège. Superbe exception française, si
révélatrice de l'état d'esprit des responsables qui
concoctent pareille nomination.

Cette confusion entre le parquet et les magistrats du siège est propre à la France. Ils sortent
de la même école, portent la même robe, entrent
par la même porte, prennent place sur la même
estrade et effectuent leur carrière dans le même
corps, passant sans coup férir d'une fonction à
l'autre. À croire que l'esprit français possède des
qualités particulières, une faculté toute gauloise

de se mettre aux ordres du pouvoir une partie de son existence mais de savoir s'en émanciper lorsque les hasards d'une carrière contraignent à l'«indépendance». La quasi-totalité des autres peuples estime cet exercice incompatible avec la démocratie mais ce ne peut être que l'aveu de leur incapacité à sublimer. Comme chacun sait, le Français est d'essence supérieure.

Les procureurs, surtout dans les grands dossiers, savent qui tient leur plume. Pour Maurice Papon, ils en vinrent à se contredire, de manière déshonorante pour la justice, d'une rédaction de réquisition à l'autre, à force de tenter de suivre, au fil des ans, les changements de pied du pouvoir politique. Dans le cas du sang contaminé, le procureur général témoigne d'un étonnant manque d'information qui lui permet de conclure au non-lieu ; sans parvenir à convaincre la commission d'instruction d'une Cour de justice de la République pourtant fondée en 1993 de manière à tenir au maximum à l'écart ces irresponsables trublions que sont les citoyens. En dépit de ces pesanteurs qui leur sont propres, qui guident leurs réquisitions et modèlent leurs caractères, les parquetiers peuvent, du jour au lendemain, certifier la main sur le cœur qu'ils sont devenus insensibles au moindre souhait politique, à la plus minime consigne.

Pareil archaïsme ne parvient pas à faire débat. Le vigilant corporatisme qui verrouillait jusqu'à présent les rares tentatives de remise en cause de ce monstrueux paradoxe commence pourtant à s'effriter. Les trente-trois premiers présidents de cour d'appel ont, à l'unanimité, dénoncé ce mélange des genres. Leur prise de position n'a, hélas, bénéficié que d'un écho limité. La minaudante garde des Sceaux sait, une fois les caméras éloignées, préserver les intérêts de sa caste. Elle défend donc le principe du corps unique de magistrats et se prépare même, pour plus de sûreté, à l'inscrire dans la Constitution! À travers une nouvelle réforme du Conseil supérieur de la magistrature, la carrière des juges et les mesures disciplinaires dépendront davantage des membres du parquet. Au nom de l'indépendance et de l'avancée de la démocratie, bien sûr !

Jusqu'à présent, quand un mauvais coucheur ouvrait le bec, comme le juge Didier Gallot, aux Sables-d'Olonne, et se laissait aller à dénoncer les « fossoyeurs de la justice [3] », une éventuelle sanction ne pouvait tomber que du sommet de la hiérarchie, à l'initiative du garde des Sceaux. Elle était donc visible, politique et, comme toute arme de destruction massive, d'un emploi difficile. Le désir de faire taire les voix discordantes a dicté la réforme actuelle. Les demandes de sanction pourront émaner des premiers présidents de cour d'appel, des procureurs généraux... bref, en diffusant cette responsabilité la chancellerie sait qu'elle la banalise et la rend plus opérationnelle. Les « petits juges » vont être enfin tenus à l'œil pour le double soulagement des responsables politiques et de la haute magistrature. Une politique «de gauche» qui, à l'emballage près, prolonge sans broncher la politique «de droite» du gouvernement précédent. Il n'y a pas lieu de s'en offusquer : les intérêts défendus sont identiques.

Alain Juppé et son équipe ont illustré jusqu'à la caricature l'obstruction des procédures et le caporalisme. Bien qu'il se pique de modernisme dans le monde des arts et joue volontiers l'intellectuel libéral, Jacques Toubon a révélé, comme garde des Sceaux, un conservatisme farouche. La corruption des tribunaux de commerce ? Tout va très bien madame la marquise, ne touchons à rien. Les financements en liquide des partis de droite ? Secret-défense. Comme pour les écoutes clandestines de Mitterrand. En revanche, mise en œuvre d'une rigoureuse sélection politique des cadres. Le Conseil supérieur de la magistrature a dénoncé, de manière toute platonique, les pressions du putschiste amateur de la mairie de Paris sur les procureurs comme le refus du tonitruant ministre de l'Intérieur, Jean-Louis Debré, d'obtempérer à une décision de justice privant le directeur de la police judiciaire de son accréditation. Ainsi va notre République.

Pour juger la sincérité de l'attachement de nos dirigeants à la justice, les données ne manquent pas. L'un des cas les plus probants a été fourni par les byzantines négociations qui, à Rome, ont présidé à la création d'une Cour criminelle internationale. La France a commencé par faire bonne figure parmi les États les plus rétrogrades en défendant des positions analogues à celles de... la Libye et la Chine populaire. Le pays qui se nomme lui-même terre des droits de l'homme entendait mettre ses militaires à l'abri de toute curiosité. À l'image de ses prédécesseurs qui s'imaginent diriger l'armée alors qu'ils ont été sélectionnés par elle au sein du monde politique, un autre avatar de la « gauche américaine », Alain Richard, avait montré la voie en s'attaquant au procureur du tribunal de La Haye, en charge du dossier rwandais. Bravache, le ministre couvrait ses hommes pour paraître leur chef, selon le bon vieux réflexe qui fonctionna sans trêve de l'affaire Dreyfus aux tortures en Algérie, du sabordage du *Rainbow Warrior* aux criminelles gesticulations mitterrandiennes dans la région des Grands Lacs. En France, une telle pratique est naturelle mais elle étonne les autres Européens. Nous avons donc mis en place, sur le génocide au Rwanda, une mission parlementaire d'information, histoire de paraître une démocratie modèle. Le faux-semblant ne trompe que ceux qui le veulent bien. Rien à voir avec les commissions d'enquête américaines : pauvreté et absentéisme sont de règle ; les dépositions se font à huis clos dès que le sujet devient sensible, c'est-à-dire dans la moitié des cas ; sans parler de l'absence de contre-expertise et du manque général de curiosité. Droite et gauche étant également compromises dans les événements, puisque Édouard Balladur et son ministre de la Coopération, Bernard Debré, se sont précipités dans l'impasse, le risque politique est nul. Personne ne tient sincèrement à soulever le tapis. Pour plus de garantie, la présidence de la commission a été confiée à un ancien ministre de la Défense, Paul Quilès. Un expert. Il avait déjà été chargé d'éteindre l'incendie allumé par la démission de Charles Hernu au lendemain des révélations sur les responsabilités françaises dans le sabordage du *Rainbow Warrior*. L'incorruptible Robespierre du congrès socialiste de Valence, qui prétendait faire tomber des têtes au début des années 80, est devenu le mol édredon de l'état-major. « Responsable mais pas coupable », la lâche devise immortalisée par Georgina Dufoix lorsque éclata le scandale du sang contaminé, est devenue le slogan commun à nos excellences. La palme revient à Michel Rocard. Bien que Premier ministre, il n'aurait rien su de l'engagement militaire français au pays des Hutus. Comme son prédécesseur Laurent Fabius pour le *Rainbow Warrior*, il n'aurait découvert la mise en œuvre des forces françaises qu'en lisant les journaux. Heureusement encore qu'ils trouvent le temps de les dépouiller! Pourtant, comme tout chef de gouvernement, Rocard était doté d'un cabinet militaire et, par ce biais, en situation de connaître heure par heure l'évolution du dossier. Sinon, ses collaborateurs seraient passibles de la justice. Comme nul n'imagine qu'ils aient trahi les devoirs de leur charge, si Michel Rocard n'a rien su c'est qu'il souhaitait ne rien savoir et laisser agir l'Élysée. Ponce Pilate, avant lui, avait illustré cette politique. Ce manque de courage est, pour un Premier ministre, une faute. Elle a permis un crime. Ce qui ne dissuade pas Michel Rocard, pour couvrir les militaires, de dénoncer, au prix d'un prodige de dialectique, la fuite des dirigeants politiques devant les responsabilités !

Se défausser, dissimuler ses actes, mentir comme des arracheurs de dents, les recettes de notre vie publique semblent immuables. Si elles fonctionnent dans l'hexagone, elles sont plus difficiles à mettre en œuvre sur la scène mondiale. Face à la pression des organisations non gouvernementales et à l'incompréhension de ses partenaires européens, à commencer par l'Allemagne, la France n'a pu tenir ses positions négatives en matière de justice internationale. Elle a donc évolué, mais pas au point d'envisager de libres investigations. Il restera porté au crédit de l'imagination fertile de nos énarques un article supplémentaire du traité — le 111 bis — qui offre aux pays signataires la possibilité, pour les sept prochaines années, renouvelables, de ne pas reconnaître, pour les crimes de guerre, la compétence de la Cour criminelle internationale. Peut-on avouer conception plus limitée de la justice ? Les États-Unis ont fait montre de plus de courage — et de cynisme — en refusant de signer le texte final. Comme, en pratique, la justice internationale ne pourra atteindre que les pays ayant ratifié le traité, non seulement les autocrates les plus menacés se maintiendront aisément en lisière, mais encore les États-Unis s'exonèrent de toute poursuite en proclamant que seule compte à leurs yeux la loi du plus puissant, c'est-à-dire la leur.

Tels sont les hommes et les structures qui décident de notre sort, pauvres justiciables. Pouvons-nous faire confiance à la justice de notre pays ? La confiance se mérite. La justice a couvert les errements de tous les exécutifs et elle le sait. Même le si respectable Robert Badinter est contraint de confesser que « la France a toujours résisté à toute remise en question de son histoire à travers la justice ». Il ne peut que constater « la résistance de l'institution judiciaire pour que surtout la lumière ne soit pas faite sur les crimes commis pendant la guerre d'Algérie[4] ». Ce fut vrai également avant, c'est toujours vrai aujourd'hui. Le corps des magistrats ne peut que se cramponner à l'histoire officielle sous peine de voir arracher la robe sous laquelle il cache son concubinage constant avec le pouvoir en place. Il bénit donc les réécritures lyrico-patriotiques, la geste gaulliste, le mythe du « parti des soixante-quinze mille fusillés » alors qu'au grand maximum la France n'a connu que trente mille exécutions et que tous les suppliciés n'étaient pas communistes. Derrière ce rideau de fumée s'éclipsent sur la pointe des pieds les « sections spéciales » et autres serments d'allégeance au

Maréchal que les mêmes hommes condamneront sans sourciller cinq ans plus tard. Se font également oublier de grandes figures de la République restaurée, comme Robert Schuman et René Coty, qui votèrent, le 10 juillet 1940, la délégation du pouvoir constituant à Pétain. Ce passé commun scelle le pacte qui lie magistrats et responsables politiques. Une conception aussi politiquement utilitaire de l'Histoire conduit à des situations d'un cynisme réfrigérant. Le réalisateur René Vautier s'est entendu proposer par les autorités françaises d'offrir son film *Frontline* à Nelson Mandela à l'occasion d'une visite en France du président de l'Afrique du Sud. Détail : cette dénonciation de l'apartheid n'a jamais obtenu en France de visa de diffusion depuis 1976 !

Nos juges, dans cette ambiance, continuent donc, imperturbables, à jouer les glands sous le chêne de Vincennes. Ils garantissent encore, en cette fin de XXᵉ siècle, l'autonomie du droit nobiliaire — selon lequel « la verge anoblit, le ventre affranchit » — et l'antique — et probablement apocryphe — loi salique en réservant la transmission des titres aux mâles par primogéniture. Et ils accueillent avec la même généreuse bonhomie les corporations bousculées par les vents de l'Histoire, dispensant sans compter les compensations financières. Le livre de Gérard Chauvy sur les Aubrac a, par exemple, été taxé à plus de sept cent mille francs, ce qui le range dans la même catégorie de réprouvés que les élucubrations de Rougeot et Verne sur Yann Piat. Or, le livre n'est pas un produit unique, indifférencié. Chaque titre va connaître un destin particulier. Il est d'exceptionnels succès de librairie qui correspondent plus à un geste d'adhésion ou de possession qu'à un plaisir de lecture, rançon du prestige qui s'attache encore au texte imprimé. Nous avons tous, dans un coin, un de ces ouvrages que nous nous promettons de terminer... demain. Parmi les nombreux acquéreurs de *L'Archipel du goulag*, du *Nom de la rose*, combien ont pris connaissance de la totalité de l'œuvre ? À l'inverse, certains titres ne sont, dès le départ, destinés qu'à une clientèle avertie, aux spécialistes d'une discipline, à une catégorie d'érudits. L'étude de Chauvy consacrée à la répression de la Résistance par la police allemande entre mars et mai 1943 à Lyon est nécessairement austère, appréciable dans ses avancées et ses innovations par des lecteurs qui possèdent déjà une connaissance approfondie des événements. La juger à travers le prisme de ses effets médiatiques, c'est condamner autre chose que le livre lui-même, l'idée que l'on s'en fait ou, pis encore, au-delà du titre incriminé, la politique d'un éditeur.

L'édition en France est fragile. Cas unique au monde — du moins dans les démocraties —, 70 % du secteur du livre sont contrôlés par deux groupes industriels, Vivendi et Matra, qui vivent adossés à des contrats publics. Le maintien d'une édition indépendante et audacieuse n'en est que plus importante. Elle est le dernier bastion de la libre circulation des idées et il n'existe guère que deux moyens de la réduire au silence : le harcèlement fiscal et la taxation judiciaire. À partir du moment où le montant des condamnations outrepasse l'économie du livre visé, donc le périmètre économique potentiel de ses ventes, le préjudice subi atteint les autres projets éditoriaux de la maison et donc la pérennité de l'entreprise.

La Cour de justice européenne appelle avec insistance au respect du principe de proportionnalité qui permet d'adapter la peine à la personnalité du condamné. Le montant d'une amende n'a pas la même portée pour un assisté social et un cadre supérieur. En matière d'édition, la plupart des magistrats ont perdu de vue cette donnée. Ils ne sanctionnent plus un article ou un livre mais une politique éditoriale. Ils ne disent plus « sur ce point vous avez commis une faute » mais « nous en avons assez de vous voir traiter ce type de sujet ». L'exemple de *Voici* est aveuglant et la direction de l'hebdomadaire vient d'ailleurs d'annoncer un infléchissement de ses options rédactionnelles. Les coups au tiroir-caisse ont porté.

Comme personne ne souhaite être solidaire de *Voici*, sauf à passer, aux yeux des gens qui comptent, pour démagogue et populiste, chacun se tait. Pourquoi la méthode qui a si bien fonctionné avec la presse *people* ne donnerait-elle pas les mêmes résultats avec l'édition ? Et les condamnations pleuvent, toujours plus lourdes. Et les dommages s'ajoutent aux intérêts chiffrant à des hauteurs vertigineuses un honneur qui ne valait naguère que le franc symbolique. Ils ne mouraient pas tous, mais tous étaient frappés... D'abord incrédules, les éditeurs font leurs comptes... et réexaminent leurs choix éditoriaux. Biographies ? Trop risqué. Controverses d'histoire contemporaine ? Trop risqué. Confessions d'affairistes, souvenirs de corrompus ou de corrupteurs ? Trop risqué. Un relent d'autocensure commence à se répandre.

Car tout devient prétexte à traîner les éditeurs — coupables principaux aux termes de la loi — et leurs complices — les auteurs — dans les prétoires. Ne parlons pas de banc d'infamie puisque nombre de ces combats relèvent plutôt du champ d'honneur. Pour avoir osé s'interroger sur la fiabilité des mesures de sécurité dans le tunnel sous la Manche[5], un universitaire américain vient de le constater à ses dépens. Le sujet est pourtant d'intérêt général et il paraît d'autant plus légitime de le traiter que, le 18 novembre 1996, une navette de poids lourds avait flambé dans des circonstances préoccupantes, provoquant des dégâts gigantesques et laissant planer de graves soupçons sur ce qui se serait passé si des passagers avaient tenu la place des marchandises. Que cherche le président d'Eurotunnel par sa procédure ? Faire supprimer les propos critiques de... pompiers

britanniques ! Malheureux Anglo-Saxons habitués, pour l'un, à mener ses recherches sans
entrave et, pour les autres, à s'exprimer sans fard.
Pourquoi se hasardent-ils sur notre terre de
liberté ? Ne savent-ils pas que, depuis sa naissance, la société Eurotunnel conçoit l'information comme un succédané de la propagande ? Elle
a d'ailleurs parfaitement réussi, édifiant ce que
l'éditorialiste de *La Vie française*, Claude Baroux,
appelle « le tombeau de l'épargne populaire
creusé par les arnaqueurs de haut vol qui, eux,
ont gagné de l'argent à la pelle sur le dos des
petits porteurs[6] ». Eurotunnel, si soucieux de son
image, cherche même à bloquer les œuvres de fic-
tion dans lesquelles son boyau souterrain serait
mis en scène de manière négative.

Le cas n'est pas unique. Pour parvenir à leurs
fins, les grands de la technologie contemporaine
jouent de l'admiration béate qu'ils suscitent dans
les médias. La mentalité d'ingénieurs qui, depuis
Colbert, façonne nos élites a fini par déteindre
sur le pays. De Concorde aux superpétroliers, de
la sidérurgie du bord de mer à la centrale solaire
ou à Superphénix, du Bibop aux satellites TDF,
la liste est longue des ruineux fiascos imposés au
nom de supposées prouesses. Mettre le nez dans
cet univers est également périlleux. Il n'y a pas si
longtemps, les Presses universitaires de France
retinrent un simple « Que sais-je ? » consacré aux
déchets radioactifs, pourtant rédigé par un des
responsables de l'Agence nationale chargée de

leur gestion. Le seul fait de traiter publiquement le sujet avait suffi à déclencher le branle-bas de combat. Des détectives s'étaient même rendus clandestinement dans les imprimeries de l'éditeur à Vendôme pour subtiliser des épreuves. En France, à la fin du XXe siècle ! Tout cela, non plus au nom de la violation de la vie privée ou du trouble illicite, mais cette fois du... secret-défense.

Chez nous, le mensonge est comme les poupées russes : chaque sujet en cache un autre.

Peut-être est-ce notre terroir qui produit cette allergie à la liberté d'expression. Le Parlement européen de Strasbourg s'en est trouvé contaminé. Voici une institution qui devrait donner l'exemple de la transparence, elle n'a pourtant pas supporté le reportage d'une chaîne de télévision néerlandaise sur... l'absentéisme des élus. La réponse a été celle de tous les pouvoirs : fermer la porte. La diffusion des listes de présence des députés est limitée et les cameramen ne peuvent plus circuler dans les locaux sans être accompagnés par un agent de sécurité.

Bien que l'édition soit la première frappée, et elle peut en tirer gloire, la presse aurait tort de se croire à l'abri du retour de bâton. On peut, bien sûr, mettre au compte des méthodes «énergiques» du juge Bruguière l'interpellation à l'aube puis la garde à vue d'un journaliste de *L'Événement du jeudi* trop bien renseigné sur le dossier corse. En revanche, l'inflation des

amendes coïncide avec la hausse des condamnations dont sont victimes les éditeurs. Les
sanctions financières infligées à la presse ont
commencé à jouer sur le seuil de rentabilité des
entreprises. Nous ne faisons que suivre la ligne
de pente américaine. Depuis le début des années
90, les dommages et intérêts obtenus aux États-
Unis contre des organes de presse sont passés de
cinq cent mille à deux millions et demi de dol-
lars. Des assurances spéciales se sont créées pour
protéger les médias contre les procès en diffamation.

Même sans perdre devant les juges, le simple
abus des procédures permet de faire taire les
récalcitrants. *Charlie Hebdo*, par exemple, est en
butte aux manœuvres d'une association proche
du Front national, l'AGRIF, qui s'est donné
pour but de lutter contre « le racisme antifrançais
et antichrétien ». Sur de telles bases, on imagine
qu'aucun caricaturiste, aucun journal satirique
ne résistera. Or, la Cour de cassation a légitimé,
en 1991, la vocation antiraciste d'une officine où
se retrouvent des personnages qui professent des
analyses fleurant bon l'antisémitisme, la xéno-
phobie et le racisme. À partir de ce premier succès, l'AGRIF multiplie, depuis cinq ans, les
procédures contre *Charlie Hebdo* devant la dix-
septième chambre du tribunal de grande instance
de Paris. Vivant chichement, traîné en appel et
en cassation si, par hasard, il gagne en première
instance, l'hebdomadaire vacille, dans une indif-

férence générale, moins sous les condamnations
que sous les frais de justice et d'avocats. Comme
dans le cas du livre de Gaudino sur les tribunaux
de commerce, ce n'est pas une sanction problé-
matique qui est recherchée mais une volonté
d'écœurer l'adversaire grâce à une instrumentalisation de la justice.

À cette censure économique par condamnations ou asphyxie procédurale s'ajoute l'émer-
gence de nouveaux chefs d'inculpation tombés
en déshérence et opportunément remis au goût
du jour. Le non-respect de la présomption d'innocence est fort pratique puisqu'il peut interdire
de citer les noms des personnes mises en cause
avant que leur condamnation ne soit effective,
c'est-à-dire des années après les faits. Dans le
cadre de l'instruction sur le réseau de prostitu-
tion de luxe dont Robert De Niro utilisait les services, la sous-maîtresse a poursuivi les nombreux
organes de presse qui ont cité son nom et elle a
gagné. Et comme la justice résiste mal à ses
pesanteurs naturelles, les sanctions évoluent,
pour des faits équivalents, d'une peine symbolique pour *Le Monde* à cent cinquante mille
francs pour *Voici*. Le « recel de violation du secret
de l'instruction » vient également en bonne place
parmi les motifs de poursuites commodes pour
imposer le silence. Un journaliste ne peut plus,
en principe, être trouvé en possession d'un document appartenant à une procédure judiciaire en
cours. Plus question, dans ces conditions, de

pouvoir contester le travail d'un juge d'instruction ou une enquête de police. Le rêve des autorités deviendrait enfin réalité.

Comme si cette exhumation ne suffisait pas, la législation s'agrémente de surprenantes innovations. Les Français doivent au sénateur centriste Charles Jolibois l'introduction dans le nouveau Code de procédure pénale d'un article L 227-24 qui permet de poursuivre la diffusion des messages à caractère pornographique. Seulement, le libellé du texte est si vague que tout devient possible. La radio homosexuelle FG a écopé d'amendes pour avoir diffusé, dans le cadre d'une émission littéraire, des extraits d'œuvres d'André Pieyre de Mandiargues et Pierre Guyotat. En attirant l'attention sur cette incongruité, le romancier Jacques Henric s'étonnait à bon droit que les sanctions pénales soient plus importantes pour le message que pour l'acte lui-même. Jusqu'à trois ans de prison et cinq cent mille francs d'amende dans le cas du livre et de l'image mais seulement deux ans et deux cent mille francs pour une atteinte sexuelle sur mineur! «Où va une société qui se donne, en 1993, un Code pénal qui réprime plus lourdement le symbolique que le crime réel[7]?» s'interroge-t-il. Va-t-on, comme en 1952, condamner à nouveau *Querelle de Brest*? Genet s'était vu infliger huit mois de prison, en coûtera-t-il autant pour le lire à la radio alors que la télévision diffuse l'image du délit? Quel éditeur, dans ce contexte, pourrait se risquer à publier *Lolita*? Une histoire que l'actuelle hantise de la pédophilie a déjà rendue inexploitable commercialement par les grands circuits de distribution du cinéma américain. Il est vrai que l'œuvre de Nabokov, avant de devenir un classique, fut à ce point accablée de poursuites, que son éditeur, Maurice Girodias, avait préféré émigrer... aux États-Unis.

Ce retour de flamme du puritanisme qui fait flotter, en Amérique comme en Europe, «une insidieuse tentation moralisatrice fondée sur la nostalgie d'un équilibre perdu» a été épinglé par Jean-Claude Guillebaud[8], pourtant prompt, le retour d'âge venu, à dénoncer la «tyrannie du plaisir» et à ironiser sur ceux qui hurlent au rétablissement de l'ordre moral. Il rappelle, au passage, qu'en juillet 1995, le Parti socialiste avait relayé la protestation du Centre gay et lesbien de Paris après que le gouvernement Juppé avait supprimé l'image du couple homosexuel des campagnes de prévention contre le sida. Trois ans plus tard, l'alternance n'a en rien modifié la pudibonderie officielle puisque le gouvernement Jospin a pu être interpellé par Act Up pour avoir occulté, dans le même cadre, l'image de deux hommes qui s'embrassent. Est-ce notre culture catholique qui, pour le coup, doit être vilipendée, car sur ce sujet, les Scandinaves et les Anglo-Saxons sont bien moins bégueules? Quand ils veulent parler des préservatifs, ils les montrent. Et déployés.

L'air du temps explique que des institutions qui, jusqu'à présent, évitaient de saisir les tribunaux par crainte de l'effet boomerang savent que désormais elles peuvent imposer leurs critères. L'épiscopat est parti en guerre contre l'hebdomadaire *Infos du monde*, spécialisé dans le canular, parce qu'il avait osé titrer « Le pape bigame ! ». Auparavant, c'était une affiche du groupe Volkswagen qui s'était trouvée crossée pour avoir mêlé un modèle de voiture à *La Cène* de Léonard de Vinci. Les placards des films sont également sous contrôle.

Si chaque groupe peut faire imposer le respect de ses valeurs par la justice, quelle part va-t-il demeurer à la critique sociale, à la polémique, à l'humour ?

Participant à une émission de radio[9], le dessinateur Cabu constatait, lui aussi, qu'il est plus délicat de réaliser une caricature politique aujourd'hui qu'hier. À cause des procès.

Au loup !

Michel Sardou a vieilli. Certains combats le fatiguent par avance. Fini le temps du *France* qu'on a laissé tomber ou de *Si les Ricains n'étaient pas là*. Jean-Loup Dabadie a écrit une chanson sur le thème *Qu'est-ce que j'aurais fait, moi ?* traitant de l'Occupation. Pour cause de procès Papon, le chanteur n'a pas osé l'inscrire à son répertoire, il a préféré attendre un an que sous les ponts coule la Seine. Il redoutait de subir les poncifs, les stéréotypes réducteurs et la langue de bois qui, comme il y a quarante ans, tiennent lieu de discours sur l'Occupation. La seule différence réside dans le fait que les valeurs sont inversées, hier c'était Noël-Noël et *Le Père tranquille*, aujourd'hui c'est Poirot-Delpech et le *Crime de bureau* de Maurice Papon [1]. Si Sardou ose, à présent, entonner son refrain, encore est-ce en l'entourant d'un salmigondis de circonvolutions, comme s'il devait s'excuser de poser une question si banale. Voilà où nous en sommes. Michel

Déon, comparant notre terrorisme intellectuel contemporain à celui qui régnait au lendemain de la guerre, juge ce dernier « à l'eau de rose ». Le stalinisme triomphait pourtant. « Nous voilà engagés, explique l'écrivain, dans un ordre moral auprès duquel l'ordre moral du temps de Baudelaire et de Flaubert est une plaisanterie. Des écrivains, des œuvres entières passent à la trappe. Soyez conformiste ou acceptez d'être un hors-la-loi[2]. »

Acceptons donc, aussi longtemps que nous n'aurons pu changer la loi et son usage. La liberté d'expression, plus que toute autre, exige un combat permanent. Les pères fondateurs, il y a un siècle, l'ont imposée souvent au prix de lourds sacrifices personnels. Sa défense ne va pas sans aléas. Sans cesse, la pente naturelle des institutions tend à rogner l'espace concédé, à remettre en cause les facilités offertes. Seul le silence satisfait les bureaux, d'où leur goût immodéré pour les classements restrictifs : diffusion restreinte, confidentiel, secret... La détention d'informations exclusives constitue, dans tous les secteurs d'activité, la clé et le signe du pouvoir. Imposer la libre circulation de ces informations, permettre aux citoyens une connaissance la plus complète possible des réalités qu'ils vivent et, trop souvent, subissent, demeure une exigence pour que s'épanouisse la démocratie. Avant de prétendre conquérir de nouveaux espaces, encore faut-il préserver un acquis gravement menacé. Crier à la censure a un côté convenu, poseur presque. Auteur ou éditeur, chacun paraît plaider pour sa paroisse, défendre son pré carré. Il est devenu difficile, sur ce sujet, d'émouvoir ou d'alerter. Le thème est rebattu. Il a été crié « au loup » trop souvent sans motif. En outre, la prolifération des réseaux d'informations donne l'illusion d'une pléthore alors qu'ils rendent plus indispensable que jamais un méticuleux travail de tri, de mise en forme et de synthèse. Dans le vrac actuel, la mauvaise information chasse la bonne.

Repus et satisfaits, la conscience engourdie, nous laissons le loup sortir du bois. Pas à pas, décision après décision, il croque, déchire, dévore. La justice rogne, muselle, sanctionne. Malheureuses princesses, vite renforçons la protection de la vie privée. Braves gens, aimeriez-vous trouver un photographe dans votre salle de bain ? Dignes vieillards mis en cause dans de vieilles histoires complexes auxquelles personne ne comprend rien, vite statuons sur la manière dont l'Histoire doit être écrite. Braves gens, aimeriez-vous savoir que Jeanne d'Arc n'était pas vierge ? Magistrats intègres soudain confrontés à la réalité des pots-de-vin négociés à l'ombre du prétoire ou aux insuffisances d'une instruction, vite retirons de la circulation ce libelle. Braves gens, faites confiance à la justice, elle a réponse à tout. Et vous, nobles défenseurs, saisissez vos téléphones, empoignez vos robes et proposez vos services. Pourquoi ne pas profiter de l'aubaine ?

N'hésitez plus à poursuivre, les dommages et intérêts seront conséquents et vos honoraires s'en ressentiront. Vous a-t-on qualifié de «gnome», monsieur, sans vous nommer? Qu'importe, vous obtiendrez réparation. Vous étiez si fière naguère, madame, de parader dans les grands restaurants au bras d'une jeune gloire littéraire. Voici que, le soir venu, vous ne supportez pas qu'il raconte l'épisode dans son journal. Qu'à cela ne tienne, nous allons faire fonctionner les ciseaux et arrondir votre bourse pour apaiser les cruels tourments de votre âme.

Assez d'hypocrisie! Sommes-nous adultes, oui ou non? Va-t-on éternellement tenter de nous imposer une édition *ad usum delphini* pour protéger les susceptibilités des puissants du moment?

«Tout se passe comme si, actuellement, par tous les chemins offerts, une certaine censure était en train de se faufiler dans les mœurs françaises, d'y faire tout doucement son nid, de nous habituer à sa néfaste vigilance. Censure non d'État, mais émanant de groupes organisés, plus ou moins discrets, plus ou moins arrogants, mais exerçant un pouvoir de fait[3].» La mise en garde est, cette fois, signée Cavanna. Déon, Cavanna, l'éventail idéologique est large mais la préoccupation proche pour ne pas dire similaire.

Le secrétaire général du Parlement international des écrivains, dont la charte constitutive a été rédigée par Salman Rushdie, prolonge l'analyse :

« La figure d'une censure centrale, exercée par les États totalitaires qui traquent la pensée dissidente et l'art non conforme, se double aujourd'hui d'un processus multiforme et complexe. La censure a changé de forme, d'agent, de cible, elle s'est privatisée, s'est détachée de l'État pour se diffuser dans la société, devenir état d'esprit[4]. » Et de citer aussi bien le contrôle exercé sur le contenu idéologique des bibliothèques par les municipalités françaises Front national, que l'interdiction des œuvres de Steinbeck et Richard Wright dans certains lycées des États-Unis.

L'historien Pascal Fouché, maître d'œuvre de la monumentale *Édition française depuis 1945*[5], souligne que la censure est demeurée très active en France jusqu'au milieu des années 70, et que ce « harcèlement virulent » avait « sans aucun doute la volonté d'étouffer des voix ». Il ajoute : « Aujourd'hui, la censure prend des tours plus juridiques ou économiques, et l'édition est de plus en plus soumise au droit de la presse, notamment en matière d'investigation[6]. »

Les diagnostics convergent. Il n'est plus temps de tergiverser : « Au loup ! »

Si vous doutez encore du bien-fondé d'un tel appel, l'actualité de l'ultime semaine de relecture des épreuves de cette lettre offre un florilège supplémentaire d'exemples. A Strasbourg tout d'abord, où la Cour européenne des droits de l'homme condamne la France pour atteinte à la liberté d'expression en raison de l'étrange attitude de sa justice face à la période d'Occupation. Mᵉ Jacques Isorni, défenseur de Pétain à la Libération, et François Lehideux, secrétaire d'État à la production industrielle du régime de Vichy, avaient été sanctionnés, en 1990, pour « apologie des crimes ou délits de collaboration » en raison d'une publicité publiée dans *Le Monde*, en 1984, défendant la mémoire du Maréchal. Les juges européens estiment qu'« il ne convient pas, quarante ans après, d'appliquer la même sévérité à l'évocation d'événements que dix ans ou vingt ans auparavant » et que cet esprit d'ouverture « participe des efforts que tout pays est appelé à fournir pour débattre ouvertement et sereinement de sa propre histoire ». Puisse ce message être entendu par la dix-septième chambre du tribunal de grande instance de Paris, mais aussi par *L'Evénement du Jeudi* de Georges-Marc Benamou. Exploitant l'un de ses filons favoris, l'hebdomadaire est, en effet, reparti en guerre contre ce qu'il nomme du révisionnisme. Il voue aux gémonies, cette fois-ci, deux ouvrages consacrés à Hitler[7] qui se voient accusés de « banaliser le plus grand assassin de l'Histoire ».

Dans le même temps, les autorités religieuses succombent à leur penchant pour les autodafés. L'archevêché de Paris, le recteur de la mosquée de la capitale et le grand rabbin de France — excusez du peu! — se retrouvent pour condamner la photographe Bettina Rheims[8] qui a osé évoquer le Christ sous la forme d'une femme. Car les misogynes gardiens des dogmes ne peuvent imaginer que le fils de l'Homme s'incarne dans cette moitié d'humanité à qui une âme n'a été concédée, par les uns, que du bout des lèvres, tandis que les autres continuent à vouloir cacher son corps derrière le plus de tissu possible. Bien sûr, l'extrême droite, à travers l'AGRIF et les prêtres intégristes, a immédiatement réclamé la destruction de l'ouvrage. Et il s'est même trouvé, à Bordeaux, un juge des référés pour interdire le livre à l'exposition au public — donc le censurer — au prétexte que «la croix est, dans le tréfonds de la conscience collective de la communauté catholique, associée au mystère de la rédemption des hommes par la mort du Christ». Ainsi s'exprime un magistrat d'une République laïque à la fin du XXᵉ siècle.

Fleuron de cette anachronique cabale des dévots, une Bible est, à son tour, crossée par les évêques français, avec le soutien actif de la Ligue contre le racisme et l'antisémitisme. Elle ne serait pas conforme aux enseignements de la déclaration *Nostra Aetate* adoptée par le concile Vatican II et révisant les positions de l'Église catholique à l'égard du peuple juif. L'ouvrage, rectifié, ne doit pas être si sulfureux puisqu'un éditeur comme Claude Durand[9] le cautionne. Qu'importe, les anathèmes tombent. Il est vrai que la nouvelle venue sur le marché menace le monopole de la Bible de Jérusalem éditée par les Dominicains. Quand les grands principes sont mis au service des petits intérêts, il convient de les proclamer avec d'autant plus d'aplomb.

Ainsi, en quelques jours, le pesant conformisme français prétend allumer les bûchers où immoler quatre ouvrages jugés blasphématoires alors que, dans le même temps, le gouvernement de Téhéran renonce à verser la prime devant récompenser l'assassinat, pour un motif identique, de l'auteur des *Versets sataniques*. Si, à l'image du Persan de Montesquieu, les imams iraniens prenaient le temps de nous regarder, de quel formidable éclat de rire partiraient-ils.

Voltaire, Diderot, et vous les Jules barbus, piliers de la République, réveillez-vous, nous sommes devenus fous.

Paris, septembre 1998

NOTES

Le mirage américain

1. 28 mai-3 juin 1998.

Les mânes de Lady Di

1. Stock, 1997.
2. *Les Années déchirement, journal 1925-1965*, Albin Michel, 1998.
3. *Le Chien de Mao*, Grasset, 1998.
4. Éd. Nil, 1997.
5. *Marguerite Duras*, Gallimard, 1998.
6. Gallimard, 1993.
7. Michel Gonnod et Claude Gübler, *Le Grand Secret*, Plon, 1996.
8. Michel Gonnod, *Le Secret du docteur Gübler*, éd. du Rocher, 1997.
9. *Contrefeux*, Liber-Raisons d'agir, 1998.

Le vengeur démasqué

1. *Aubrac, Lyon 1943*, Albin Michel, 1997, et Claude Gübler, *op.cit.*

2. 10 avril 1987.
3. Mai-août 1990.
4. Librairie académique Perrin, 1991.
5. *Le Figaro Magazine*, 12 avril 1997.

Une chimère

1. 17-23 août 1998.
2. *L'Ami banquier, le mystérieux conseiller de François Mitterrand*, Albin Michel, 1998.
3. *L'Affaire Nut, mort d'un agent secret*, éd. Chalmin-Carrère, 1986.
4. Flammarion, 1997.
5. *Guerres secrètes à l'Élysée*, Albin Michel, 1996.
6. 16 juillet 1998.

Le prétoire contre l'Histoire

1. Le Seuil, 1984.
2. *Le Figaro Magazine*, 12 avril 1997.
3. Lire sur ce sujet *Archives interdites. Les peurs françaises face à l'histoire contemporaine*, par Sonia Combe, Albin Michel, 1994.
4. Publiée dans *Libération* du 9 juillet 1997.
5. *La Hantise du passé*, Textuel, 1998, p. 122.
6. *Libération*, 8 avril 1997.
7. *L'Histoire*, n° 211, juin 1997.
8. *Libération*, 8 avril 1997.
9. *Lyon Mag'*, mars 1997.
10. *Libération*, 3 mai 1990.
11. Souligné par Henry Rousso.
12. *La Hantise du passé, op. cit.*, p. 109.
13. *Ibid.*, pp. 98 et 99.
14. *Libération*, 23 avril 1998.
15. *La Hantise..., op. cit.*, p. 107.
16. 3-9 avril 1997.
17. Thierry Wolton, *Le Grand Recrutement*, Grasset, 1993,

et Karel Bartosek, *Les Aveux des archives, Prague-Paris-Prague, 1948-1968*, Le Seuil, 1996.

Investigations sur le journalisme

1. *Libération*, 11 juin 1997.
2. *Le Procès Papon*, Gallimard, 1998.
3. *Où la mémoire s'attarde*, Odile Jacob, 1996.
4. Charles de Gaulle, *Mémoires de guerre*, tome 3, *Le Salut 1944-1946*, Plon, 1969.
5. Éditions sociales.
6. *Les Grandes Visions de l'Égypte ancienne*, avec Yaguel Didier, Plon, 1998.
7. 10 avril 1997.
8. 9 mai 1997.
9. 26 avril 1997.
10. Fayard, 1988.
11. *Le Procès de Maurice Papon*, tome 1, Albin Michel, 1998.
12. 15 juin 1997.
13. *Les Nouveaux Chiens de garde*, Raisons d'agir, 1998.
14. *Brill's Content*.
15. *Le Goût de la vérité. Réponse à Gilles Perrault*, Verdier, 1997.
16. Numéro de décembre 1997.
17. Albin Michel, 1996.
18. Éd. Favre, 1997.

La confiance se mérite

1. *Le Figaro*, 30 avril 1998.
2. Sur ce point, cf. Antoine Gaudino, *Le Procès impossible*, Albin Michel, 1992.
3. Albin Michel, 1991.
4. *Le Nouvel Observateur*, 9-15 avril 1998.
5. Robert Bell, *Les Péchés capitaux de la haute technologie*, Le Seuil, 1998.
6. 30 mai 1998.

7. *Libération*, 11 juin 1998.
8. *La Tyrannie du plaisir*, Le Seuil, 1998.
9. «Le petit corbillon», France Inter, 24 mai 1998.

Au loup!

1. Bertrand Poirot-Delpech, *Papon : Un crime de bureau*, Stock, 1998.
2. *Valeurs actuelles*, 25 avril 1998.
3. *Charlie Hebdo*, 13 mai 1998.
4. Christian Salmon dans *Libération*, 3 juillet 1998.
5. Éd. du Cercle de la librairie, 1998.
6. *Libération*, 18 juin 1998.
7. Ron Rosenbaum, *Pourquoi Hitler?*, éd. Jean-Claude Lattès, 1988; Guido Knopp, *Hitler*, éd. Jacques Grancher, 1998.
8. Serge Bramly et Bettina Rheims, *INRI*, Albin Michel, 1998.
9. *Bible des peuples*, Fayard, 1998.

TABLE

DU MÊME AUTEUR

AUX ÉDITIONS ALBIN MICHEL

Les Socialistes, 1977.
Dans les coulisses du pouvoir, 1986.
La République des fonctionnaires, 1988 ; Points-Seuil, 1990.
Lettre ouverte à la génération Mitterrand qui marche à côté de ses pompes, 1988 ; Livre de poche, 1989.
Le Cadavre de Bercy, 1991.
Le Nègre du Palais, 1994 ; Livre de poche, 1995.
Le Mort qui parle, 1995.
l'Œil de Washington (en collaboration), 1997.

CHEZ D'AUTRES ÉDITEURS

Le Gauchisme, Filipacchi, 1972.
Les Nouveaux Communistes (en collaboration), Stock, 1973 et 1977.
La Vie quotidienne à Matignon au temps de l'Union de la gauche (prix Gutenberg), Hachette, 1985 ; Folio-Gallimard, 1986.

Dans la collection « Lettre ouverte »

La composition de cet ouvrage
a été réalisée par l'Imprimerie Bussière,
l'impression et le brochage ont été effectués
sur presse Cameron dans les ateliers
de Bussière Camedan Imprimeries
à Saint-Amand-Montrond (Cher),
pour le compte des Éditions Albin Michel.

Achevé d'imprimer en décembre 1998.
N° d'édition : 18010. N° d'impression : 985720/1.
Dépôt légal : décembre 1998.